신진향 시집

눈 감으면 떠오르는 이름을 지우는 시간이 길 때 딴생각을 해

시인의 말

달의 뒷면까지 읽겠다던
맨발로 작두날에 오를 수 있겠다던
젊은 날의 호기는
메타세쿼이아 그늘에 둔다

짙푸름으로 건너온 계절도 있었으나
제 무게 이기지 못하면
순응의 눈빛이 된다

점멸신호등 머뭇거리는 속도
무너져 내리는 살결의 속도
지는 꽃처럼 빠르다

마천루 같은 가슴은
시간의 무게에 속절없이

차례

시인의 말 • 3

젓갈 레시피 • 10

벼랑 • 12

여름에게 안녕을 • 14

로즈마리 키우기 • 16

거기서 거기 • 17

마트료시카와의 인터뷰 • 18

척R - 겨울 하늘 아래서 • 20

흔들리는 골목 • 22

반추 • 23

문 밖의 별이 따뜻하다 • 24

눈 감으면 떠오르는 이름을 지우는 시간이 길 때 딴생각을 해 • 26

그깟 • 28

노을의 필요 • 30

탱자 • 32

공깃돌의 전심전력v34

언술 • 36

봄 봄 봄 • 38

II

못 • 42
미역국을 삼킨다는 건 – 멱줄을 늘이고 있는 • 44
쿠키 타임 • 46
밑 • 47
삼인칭의 거울 • 48
막걸리 • 50
이 또한 지나가리라 • 51
밝음에게 – 煥을 위하여 • 52
메니에르 병 • 54
콜라를 좋아하세요 • 56
모든 순간은 삽입 가능하다 • 57
소백산 여행기 • 58
단풍 • 60
내면으로 보낸 편지 • 62
세탁소 장 씨는 무얼 외치나 • 64
1972년 산 백 원짜리 • 66
꽃을 건네다 • 68

III

밥의 설법 • 70

복숭아 한 알 • 71

봄, 뒤에 눕다 • 72

안부를 물을 때마다 다음에 묻었다 • 74

낙엽 의자 • 76

공깃밥은 한 숟가락이 꼭 부족한가 • 77

마지막의 힘 • 78

극락전을 지나다 • 80

그루밍 발생기 • 82

안녕, 바다 • 83

갯벌 사진관 • 84

뒤란을 치우며 • 86

만의사 나무토막 • 87

조사 – 사기의 기술 • 88

사람은 물고기가 될 뿐이다 • 90

파인애플 • 91

의자라니까 • 92

타로 술사 • 94
장밋빛 인생 • 96
노안 • 97
어떤 표면을 위하여 • 98
이별의 예절 • 100
고도리 날다 • 102
파꽃 • 104
와인 • 106
압화 • 108
동화同化 • 109
장미 열매 • 110
결 • 112
화두에 들다 • 114
풍경 • 115
우리가 가장 사랑하는 때는 • 116
단축번호 1 • 118

| 작품해설

존재의 근원으로서의 일상성
- 신진향의 시세계 • 120

송명희(문학평론가, 부경대 명예교수)

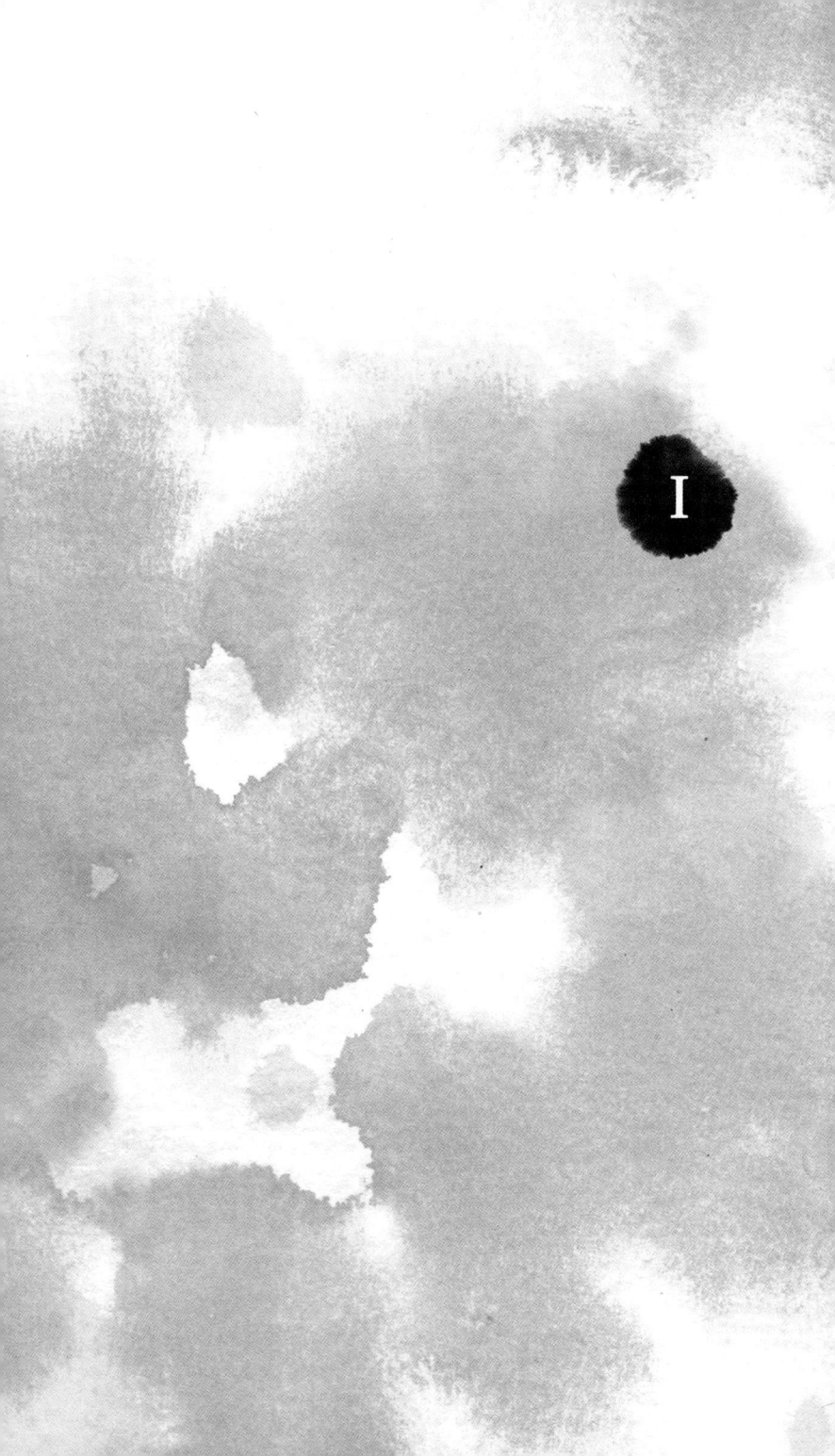

젓갈 레시피

그럴수록 내장을 싹싹 발라야 해

구두 뒤축 물러앉도록 헤엄쳐 다닌 지느러미까지
간이고 쓸개며 허파까지 뒤집어 소금 치고
패랭이 채송화 맨드라미 붉은 성기들이
박장대소하는 여름을 건너가는 사이
낯 간지러움에 웃지 못하게
싹싹 비벼 놓는 거야

집을 나설 때 아가리 속에
차곡차곡 어제의 내장들을 쌓아둬
상처 따윈 상관없는 것처럼
두꺼워지는 얼굴을 입혀
아직 오지 않은 내일처럼
그대를 만나지 못한 어제처럼 싱싱해지기

뼈가 무른 족속이라 해도 상관없이
속이 없는 사람이라 해도 끄덕 없이
나는 길을 헤엄쳐, 꿈을 꿔 날아올라
상기된 볼 붉어지는 독
입을 열면 삭지 않은 말이 나올까 두려워
세 겹 광목으로 칭칭 동여매
당신들의 조언이 나를 잊게 할까 겁내지 않을 거야
뚜껑이 열려도 숨 쉬는 호흡기를 지닌

오랜 시간이 있으니
뼈를 넣고 대가리를 디밀어

난 우묵한 장독으로 들어가 앉아
소금 한 바가지를 지르고
밑이 가려워 시간을 비벼대
닳고 닳고 부풀다 사라진 날 것의 이름
기억이 온전치 않았다 변명치 않고
기어이 다 녹여 낼 테야
냄새나는 몸뚱아리라도 어쩔, 찬 바람에 드는
밑동 눈을 감고 생각해
샛 노랗고 하얀 그곳에 닿을
샛, 파란에 닿을

우습게 보지마
진짠 말이지 곰삭은 액체의 뼈 맛
그 안에 들어서면 같이 어우러져
흔적도 없는 컴컴한 수도사의
기도 같은 거야

네가 잘 있기를 바라는
이름 따윈 뭘 상관

벼랑

그러지 마요
내 뺨을 후려친 건 해변에 두고 온
이름 하나로 충분해요
시퍼렇게 물든 눈두덩 아래 흔들리는
해저의 깊이
한밤에 목이 말라 마시는 짠물에
이 생이 버석해요

잊을 거예요라고 쓰지만
알잖아요
발바닥 한쪽에선 미역 다발이 자란다는 거
뿌리에 핀 꽃 때문에 민물에 가까워진다는 거

어제는 종착역까지 걸어갔어요
돌아오는 길이 자꾸 자라요

가방이 늘어지고 있어요
늘어지는 것은 목뿐이 아니라고
바람 역사책 머리를 쳐요
병신 머저리 늦깎이 납작 엎드린 나무
추위에 시커멓게 웅크리고 자는 굴밭
허공에 줄을 매달고 키운 집
얇은 신발은 빨갛게 피를 흘려요
가벼운 여행이니까

버린 이름을 꺼내기가 좋은 거지요
로그아웃되는 계정
온전히 떨어지는 동백
벽장의 표정으로
계절을 기록해요

어제는 종점까지 갔었지만, 떨어진 꽃 한 송이
주웠잖아요

그러지 마요
나를 후려친 손을 향해
딱지 앉은 입술로 웃어요
계절을 걸고 있는 태양을 향해
피 묻은 신발을 말려요

여름에게 안녕을

나무는 여름을 지나며 무성한 가지를 부러뜨린다
열매 맺기 힘든 늦은 가지를 쳐내고 나무는 나무에게로
옮겨 간다

청록색 잎 사이로 틈을 보았다 떡갈나무 아래
물 얼룩이 진 점퍼는 상실을 떠올리기 쉬웠고
늦게 먹는 밥은 자주 체했다
나무가 가지를 벌리는 것으로 잎의 틈이 많았기에
안을 수 있는 횟수가 많을 것이라 생각했다
생각들은 틈에서 자라고 껍질 사이 이끼는 초록색
얼룩으로 잎에 다가섰다

얼굴에 햇살이 어릴수록 나무에 근접한다고 믿었다
어떤 감정들은 고통에 가까울수록 손길과 유사하다
여름은 열음에 가까워졌다

우수수 쏟아지는 열음 속에서 쏟아지는 잎

잎 사이 하늘은 넓어졌다
잎은 커졌다 견딜 수 없는 말은 쏟아져 내렸다
잡았다 뿌리치는 손의 방식으로

틈은 앉았다 일어서면 닫히는 문이다

열매들은 뿌리친 가지에서 상처 입은 얼굴로 후숙 된다
일기는 후일담으로 밤의 깊이에 덧칠을 하고
카바이트 열기를 이불 속에 부려 놓는다

주워 든 풋사과의 냄새를 맡으며 나무가 던지고 간 여름을
만져봤다, 나무는 가지를 벌림으로 파과의 계절을 겪고
늦은 저녁을 먹으며 파과들은 고통을 껴안는 방식을 복습
한다

로즈마리 키우기

각각의 슬픔으로 더부룩한
늙은 연애를 들춰내면
지난 말들의 곁가지
열렬했던 저녁노을을 가지고 올 수 있을 거라 믿는

매번의 기술을 덮어쓸 수 있을까
로즈마리의 가지는 무성해서
제 향기에 질식해 죽는다

사랑해
미워해
증오해 다시는 보지 마

밤을 이어 붙이는 말이 섞고
뿌리가 아픈 동안
로즈마리의 가지는 싱싱하다

덥수룩한 슬픔을 자르는 동안
밤은 저물고
주인공들은 살다 죽는다
골목길처럼
재생되는

거기서 거기

끓지 않는다면

졸아붙지 않는다면
그래서 눌어붙은 밑바닥을 긁지 않는다면

다 거기서 거기

오리집 낡은 냄비 바닥을 긁으며
내 다리를 착각하고 남의 다리를 긁다가

긁는 것에도 방식이 있어 어쩌다
치즈라도 넣은 무른 마음일 때

내가 너에게 보고 싶다 흘린
늦은 마음 일 때
그걸 어떻게라도 둘둘 말아서

김밥처럼 보이게
당신과 떠나고 싶은 마음을 치장했을 때

그때가 특별해지는 건

거기서 마음을 건지기 때문
한 끼, 뒷담 술안주로 남는다고 해도

마트료시카와의 인터뷰

여담입니다만
점점 커진다라고 느끼는데요
당신은 커지는 겁니까 작아지고 있는 겁니까

그렇다면, 당신은
살았습니까 죽었습니까

흡연하는 광합성 식물입니다
만지면 쪼그라드는 미모사에 가깝지요
패키지로 엮는 쓸모입니다

그렇게 말씀하시니 내부에 대해 말하지 않을 수가 없겠네요

하나를 열면 하나가 나온다는 건 관행이지만 변수는
필요 없음 안에 있지요
그림자를 뒤집어 보면 구름이 있고요
매번 사랑하고 매번 열렬하게 깎여나간 물거품의 내부죠
그 속엔 단단한, 울지 않는 내가 있어요

작아질수록 울음에 가깝다는 뜻인가요

새와 나는 유사점이 있다고 웅덩이에 써 두었죠
조용한 하루의 내면은 노을의 귀를 빌리자면
새소리로 가장 시끄럽다더군요

자주 눈물샘이 마르니 대비가 필요하겠습니다

유서는 써두셨는지요

어제를 죽여 오늘을 살고 오늘을 목졸라
내일을 씌우는 가계도의 특성을 따라가려고 해요
거꾸로 생각하면 출생에 정통한 거라고 봐요

몸이 몸을 만드는 슬픔에 직면하는 거네요

엄마를 써두었죠
당신을 열면 배경은 같을까요

같은 표정이라도 구름의 깊이가 다를 거예요
얼굴을 만지는 대신 구름을 건드려보겠습니다
스모킹 건이 만져지는군요

러시안룰렛이죠
무언가를 만진다면 대가를 치러야 합니다

하나, 둘, 셋!
당신을 어떻게 할까요

척尺
– 겨울 하늘 아래서

퇴직 후에 별을 보는 시간이 많아졌다

걷는 일은 출근부, 누가 내게
　　　강 흐르는 소리를 들려주었으면 좋겠다

벼락 맞아 죽은 나무 이름 얻는, 흐트러진
손금 같은 갈비뼈 얼음 녹는, 한뎃잠 풀려나와
등을 대어 보는 저녁은 구부정하다

은하수는 북방 귀문에서 출발하는데
손바닥에는 동살 흐르는 실금이 앉았다
한 치에서 시작한 길이가 늘어나는 방식을 알 수 있게

아는 척 있는 척 사랑한 척 관심 있는 척
강가에서 한치씩 없는 나를 줍다가
등에 닿는 네게 듣고 싶은 말을 보냈다

가로등이 길가에서는 별이 되는 것이 마땅한 일이어서
아래에 서면 뇌우가 들린다고

틀렸지만 맞았다고
미워하니까 사랑한다고

한 자로 태어나 오 척 혹은 육 척, 손바닥이다

손바닥이 받쳐 준 등이 손바닥을 무서워한다
무서울 땐 가시가 돋는다

숲을 오래 본 적 있다
찔레 덤불을 뚫고 나오는 햇살이 별 같아 사진을 찍었다
지난 시간은 포장되기 좋았다

뒷모습은 달의 손등에 남겨져 있다
별들은 먼지가 시작이다
손금들이 일시에 북쪽으로 흐른다

흔들리는 골목

섶에서 바람을 부른다
꽝꽝 묶인 다리를 흔들거리고 머리카락을 흔들면서
부른다, 들리거나 말거나 저절로 나오는 노래처럼 자분자분
몸통을 흔들면서 그러다 넋 빠진 년처럼

왼쪽 왼쪽 나란히 신고 골목길을 달려 나가는 슬리퍼
지옥 가까운 염병, 바람 타는

흰머리가 수북 빠진 구멍 난 장판에다 네 이름을 쓰면서
하룻밤 천 번 네 꿈속을 휘저어대면 한 번쯤
샛바람 불타는 노을 오라고
구정물에 담근 발 따위는 까맣게 잊고
엉겨 붙은 거머리들은 까맣게 잊고

검은 밤이 와서
싯벌겋게 몸 달아 서성대는 샛강에서
혼자인 것들은 온통 붉어지게

엄동嚴冬, 뼈밖에 남지 않은 골목길이
천리만리 뻗어나가
네 앞에 서 서

반추

너를 떠나 올 때 꽃을 버린 일
버거워서 가방 뒤에 붙은 눈길을
툭, 털어내고 내일…. 낮에는 꽃 판 거라고
너를 떼어 낸 일

밤이 이렇게 길 줄 모르고
평생 추울 줄 모르고

문 밖의 별이 따뜻하다

한 밤 피리를 불면 귀신이 꼬인다고

여순 반란 사건 때 남편을 잃은 그 여자는
저녁이 끝날 무렵 휘파람을 불었다

피리란 몸을 두드리며 흘리는 울음의 곡
자정 무렵 퇴근한 싱크대의 물소리,
집을 두드리며 내는 소리
베란다를 건너간 아이의 손목이 내는 소리
귀신들이 사는 세상은 정화수가 없는 달밤
울음을 쓰다가 웃는 자화상의 표정에 깜짝 놀라서
정신을 차리고 나니 벼랑 끝
당신의 온기를 따라가서 멈춘 낡은 신발 한 켤레

오래된 기억들은 남겨지는 다음 생에서 말할
수 있는 전생이었다

문을 나서야 보이는 빛
문을 나서서 걸어야 만나는 벼랑
저승 문턱 앞을 산책하고 나온 마음이
올려다본 하늘의 별을 누르면 빈 몸을 누르는
전생처럼 가만히 소리가 나서
귀신이 사는 세상이 부르는 또 다른 노래

사람은 어디쯤 가야 만날까 싶은 시간에

아무 때라도 우리 집으로 와

문 밖의 별은 따뜻하다

눈 감으면 떠오르는 이름을 지우는 시간이 길 때 딴생각을 해

화촉 밝히는 밤이 온다
길을 지우고 어깨를 지우고 모래알 부서지는 사막

치골을 지우고 흔연히 떠오르는 손가락의 시간이 온다
남아 있는 것은 이름이 아니라 그날의 색깔
그날의 냄새, 얼굴보다 선명한 부재의
감각이다
내가 그렇게 보고 싶었냐는 얼굴이다
시선 속에는 닿지 못하는 이유가 숨어 있고
이해라는 말로 포장하는 동안
겹치는 눈빛은 작아진다
절반을 이해하기 위해 걷는 사막이 자라는 동안
욕심 내지 못하는 낙타의 혹
가지지 못한 깨어진 거울 한쪽 품는 동안
붉게 밝히는 화등

누구라도 좋으니 부재를 견디고 나서 핀
사막의 꽃을 들려주었으면 해
소문을 등지고 핀
꽃들의 후일담을 알려 주었으면 해

산다는 건 절반을 위해 접거나 펴는 일
접기 쉬운 화촉의 심지를 돋우는 일
사랑한다고 해서

매번 울 수는 없겠지만
내리는 무게가 없다고 해서
낙타와 꽃잎이 다를 리 없을 일
접은 날을 펴보고 침 뱉을 수 있겠지만
어쩌다 핀 꽃에
사막 같은 내 마음이
어둑한 별을 담아 오랫동안
서성거릴 일

돈도 뭣도 아닌 그것으로 오래 아플 일

당신의 눈꺼풀에 티가 붙는 다면
눈물이 난다면

지난 생애와 이 생애를 털어 낙타 걸음으로 온
매일이 아팠던 사람이 닿았다 간 거라고
스위치를 켜는 거실에 문득 꽃이 될 일

어쩌면 우린
손끝 하나로 사막이었다, 별이었다, 짐승이었다, 가만히

가슴 반쪽 두드리는 바람을 먹고 체한 저녁 앞에 서성거린다

그깟

명절 설거지 끝
물 한잔에
이십 년 산 정이 떨어지고

장롱 밑 둘둘 말아 건져낸
먼지 뭉치보다 가벼운 것들이

재활용 박스를 접다가 손이 베이고
떨어진 치마 단추 임시방편 옷핀에 찔려
피를 철철 흘리고

버려도 아쉬울 것 없는 미련 때문에
살았다 죽었다
밤을 새웠다 붙이고

흘려 넘긴 귓등으로
당신은 멀어지고
골목이 사라지고
다리가 무너지고
건물이 무너지고

개도 안 주워 먹는다는 것들이
싸웠다가 붙었다가
생각하면 참 질겨서

똥값 안 되려고 화장을 하고
꽃방석에 앉은 시늉 하고도

귓등 벌게서
시간 있어요 하던 어설픔 때문에
연애를 하고

어깨 두드려 주던 손 때문에
사이가 붙고

한 입만 먹어봐, 아
마주 벌린 입 때문에
세대가 늘고

세월을 붙이고 거리를 좁히고

빨간 인주나 찍는 그것들이
피를 철철 흘리면서
당신들의 목을 자르기도 하면서

노을의 필요

대천 항 등대 뒤편 노을에 앉으면
동해부터 따라오던 그림자가 스멀거리는데
그리움들은 모두 바다에 모였는지
해 지는 풍경에 발등 타 넘는 갯강구처럼 서성거리는데

펄럭대는 찢어진 풍어기의 기억에
저 혼자 입 달싹 대는 괭이갈매기의 하늘이
풍경처럼 떠 있는 사람에게 붙어서

못 본 척하지 말고
먼저 말 걸어보이소

풍경이라고 안 외롭겠습니까
이뿌게 단장하고 외따로 있는기
강구항 모티 맥주 양주 써 있는
작은 술집 미숙이 같이 영미 같이
노을을 등에 지고 걸어도
속은 바람 타이까네

담뱃불 한번 빌리자는 말에
속이 홀랑 데이까네
바다나 멧등이나 고마 한통속으로
꺼멓게 앓으이까네

물 치는 소리만 들리는 서해에서
부딪히는 치골 너머 부서지는 동해에게
밤의 이불을 덮고 떠나온 아침처럼
달리고 싶으니

탱자

할 말이 남은 날이 처마에 매달린 밤입니다
닿지 못한 숨소리 한숨이 그새 자랍니다
가야 할 것을 알지만, 그렇다고 놓지도 못해서

울리지 않는 전화기를 들었다가 놓아두고
아침에는 잊자고 마음을 뚝 잘라냅니다
빈틈에서 자라나 던지고 싶은
번지대 앞에 선 태도 같은 것
허공에서 자라는 바닥을 향하는 마음입니다

지하방 창문에 부딪힌 파편을 주웠을 때
부서진 내 모습 같아서
혀를 대보고 싶은 날이었죠

눈을 깊이 맞추자 할 말은 없어지고
떨어지는 것만으로도 괜찮더라고요
결국은 그런 거죠
할 말들이 밤새 자라서
확 떨어질 때
유언으로 뱉은 외마디, 한 번만

기도할 때 신의 이름 자리에 올려놓은
눈물의 무게
구원받지 못한 지옥을 하나씩 피우는 것

그렇더라고요
겨울에도 뜨거웠고요
봄이니까 더 할 거고요

공깃돌의 전심전력

손, 등입니까
손, 바닥입니까
떨어져 본 기억이 있는 사람은
뛰어내리는 것이 무섭습니다

훌쩍 던져진 돌멩이는 높이 떠
축축합니다
당신에게로 향할 때마다
조금 작아지고 둥글어집니다
놀이가 끝나면 돌멩이는
구석에서 바스러집니다, 오두카니

호주머니를 뒤지며 없어진 것을
알아채 주지 않을까 싶어
아주 숨어버리지도 못합니다

적선하듯이라니요
필설 할 수도 없는 관계를
참아내겠다는 말이지요

어떤 이별은 기일처럼 몸에 새겨지더군요
이름을 잘그락 소리 낸 날
고개를 돌리고 머리카락을 만져본 날
손바닥에서 튕겨나가는 소리를 예측해 보고

모래알로 바스러지더라도
손 털고 가는 사람은 가벼울 수 있을지

공기놀이에 거스러미 인, 손끝이
돌을 향한, 비난하는 말을
감내해 낼 수 있을지 계산에 넣습니다

당신에게 떨어지고 싶어요

놀이가 끝난 밤 당신에게 주는 변명의 여지
공깃돌의 전심전력입니다

언술

일기예보가 계절의 전부는 아니야,
사건이 진실 일리는 없잖아, 꽃잎 한 장을 붙이고 살 뿐

비탈에 젊은 여자가 산다고 말이 돌았다
북으로 난 창에 비친 오후의 얼굴이 홍조가 든 것이
필시 누가 다녀갔을 거라고 했다
그날부터 마을의 몇은 몸을 사렸고
누수가 기침처럼 터지는 보일러를 끼고
네 탓이 아니야, 그건 어쩔 수 없이 일어난
세월의 무게 같은 거라는 위로를 검정 테이프로 묶었다
그녀가 택한 고요한 사랑의 기술은 종종
후배위를 좋아한다든가
올라탔다든가 그림자도 불러 세우는 기술이 있다든가
휘날리는 버드나무
봄바람처럼 날아다녔는데
그래서 다들 그쯤은 붉어져도 괜찮을 거라고
산 아래 동네도 온통 집마다 붉었는데
나뭇가지처럼 마른 손목은 오후의 햇살도 버거워서
창에 비치지 않는 날이 잦았다
말들의 끝에서 그녀는 사라졌고
비탈을 올려보는 어떤 계절이 와서
정숙한 듯 조용한 길을 걸을 때면
낙엽처럼 혼자 붉던 치맛자락을 떠올리는데
그녀가 남긴 홑잎의 아이 소식도 소문처럼 먼데

보일러 배관에서 낙숫물 소리가 들려
나비처럼 맨 테이프를 보다가
그녀가 사랑한 방식
그것도 괜찮았다고 또 버스럭거렸다

봄 봄 봄

'발가락을 돌려주세요'

담뱃불로 지진 모포 귀퉁이, 드럼통은
따듯해서 걷기 좋아요

싱싱한 손가락을 잘라 갔잖아요
성년식 보다 먼저 온 꽃망울에 관한 이야기는
무섭지 않습니다

엄마는 더 이상 울지 않아요
이불을 덮고 다리를 웅크립니다
빠져나간 계절의 아랫배를 감쌀 뿐이죠

닫혔다 열리기를 반복하는 자동문, 멍청한 센서를 믿는
달력일 뿐인데
발을 달라고 할 걸 그랬나 봐 혼잣말을 해요

전부를 말해도
부스러기인 '풋것'인데
머리카락으로 걷는 아파트 벽을 잠시 숨깁니다

세상은 물소리 나는 귓속으로 늦게, 가볍게 sorry

이명이 있는 난 어디서 난 '소리'인지 궁금해서

막돌에 귀를 대고 숨 멈추는 자세를 연구해요

발을 달아주면 멀리 갈 수 있을지도 몰라
길목들은 모서리에 거꾸로 달려 있습니다
기침처럼 건들거리면서

순례자처럼 먼저 온 엄마, 외가의 죽음은
슬러지가 담긴 드럼통에서
더 오래 살아낼 거구요

한 방향의 애착은 기척 죽이는 법을 배울 겁니다
당신의 눈꺼풀 속으로 들어가 망막을 분리시킬 거예요

세상은 봄과 봄과 봄으로 연결되어 있습니다
내 무릎은 불타요

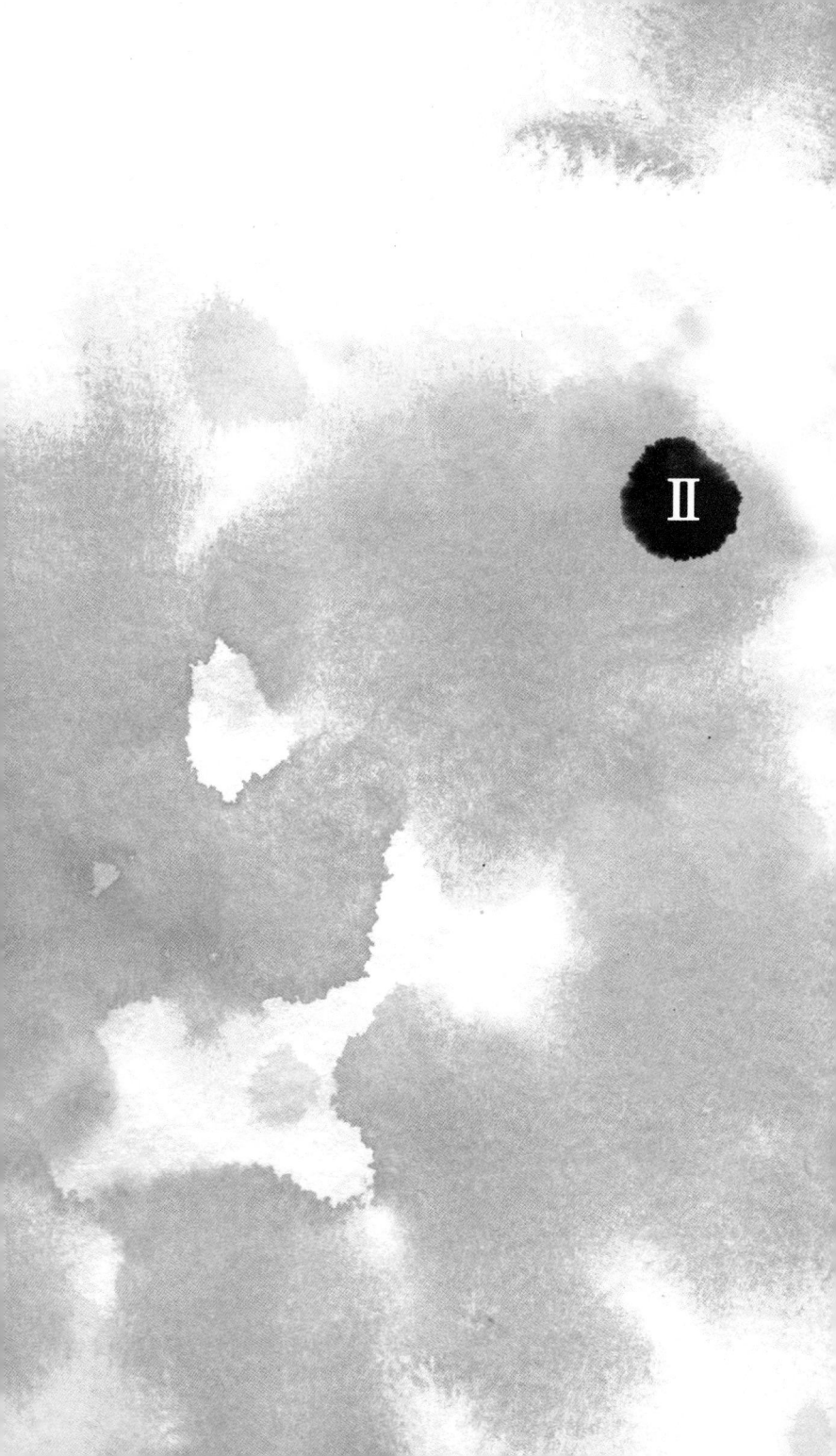

못

벽에 박힌 가훈 위로 외투를 걸어 놓았다
'아빠처럼 살기 싫어요.'
앙상한 몰딩을 드러낸, 오렌지라 불리고 싶었던 귤의 쪽방

할아버지가 앉았다 가고 아버지가 앉았다 가고
십 년 전 선반작업에 손가락을 날린 큰 오빠가
소매를 자주 털며 해를 쪼이는

이번엔 내 차례지
손가락이 담긴 가방을 열어
생각보다 무거워, 지긋지긋이 담긴
사전보다 무서워
세상 용감한 엄마보다 이기적이야

티끌이 우리를 구원해
벽을 만져 내가 박아 놓은 못
그 위에 걸린 아버지 가방
손가락 손톱 사이를 뒤져
영수증은 무거워 사탕은 힘들어
라이터는 너무 소비적이구나
너처럼, 너처럼

옷 벗은 그림자는 무게를 가누지 못해서
지구의 부스러기들 속으로 박힌단다

내가 박아둔 못은 코끼리 다리만큼 크지
반성하는 밤엔

귤을 못이라 부른다면 바스러진 뼈들은
흩어진 지층을 몇 번이고 겹쳐 박아 지구를 굴러가게 해

몇 번씩 뱉는 씹팔로 오늘이 굴러갔던 것 같이

미역국을 삼킨다는 건
 - 멱줄을 늘이고 있는

설렁탕 육개장처럼 미역국은 낱낱을 발음하지 못해
멱꾹이라고 부레를 꽉 눌러 앉힌 생일상이야

부들부들한 해저가 시간을 거슬러 앉은 저녁은
미역은 청춘이라 부를 거야
-그렇지 않다면 이렇게 빨리 지나는 음절이 아니었으니

미역에는 늘 바위가 앉아있지
생계 독립 이상 사랑 같은 음울한 말에 잠겨 퍼드러지면
주단 같은 시간이 올올이 감기는 거야
주머니에 공깃돌을 넣고 흔들어 보아

홀, 짝

홀… 짜 ㄱ

짤쩔짤 뇌수를 흔드는 미역

멱을 따, 꽃대궁은 아래에서 흔들려
꽃이란 뿌리의 다른 이름 억세고 질긴 핏줄
포자처럼 퍼져서 미역 - 이음줄을 붙일 거야 -

세상을 다 감은 듯 흔들릴 때에야 비로소
부들거리는 멱라

〈마른〉에서 〈불은〉으로 건너와 물결을 생각해

발 씻는 물 같은 것*은 내 안의 선택
돌은 파도를 승承하게 하는 벼랑이지만
투석전의 신념이기도 해

저녁상은 번번이 넘치거나 졸아들고
뽀얀 국물은 점점 맛있어져 부들은

결국 모든 걸 안에 숨은 젊음이었던 거라
그렇게 믿을래

누구라도 미역국과 멱국은 다르지 않다고 생각하듯이

*굴원의 어부사시사 멱라에서 따옴
 (장강의 물 맑으면 갓 끈을 씻고 물 흐리면 내 발을 씻으리라)

쿠키 타임

잠깐을 죽이는 소설을 와삭 베어 물면
한순간의 내가 쪼개지네

'쉬운'과 '헤픈'을 만들기 위해 몇 백 번쯤 연습한 클립보드
실리콘 주걱으로 다진 브라와 헤어롤
랄랄라로 뿌려지는 허밍이 실금 간 표면을 이룰 때마저

채 마르지 못한 포도들은 흩어지고 거리는 어두워지고
집은 드러눕힌 채
오후는 손을 털며 말하지

가벼운 터치 다음 생에서 만나
상처는 상처 위에 세워지고

오후의 쿠키는 무르익고 허밍은 재생되고
한 주먹 죽음이 공유되는 데이터

오후의 활자들은 그래, 발랄하단다

밑

바닥까지 써 내려간 가계부를 공백이 끌어당긴다

비목費目은 침침한 비고란에서 깨알 같은 숫자를 조산 중이다

사업에 실패하고 어머니가 자주 하던 말
- 물 밑이 환하다

더 이상 기입할 수 없는 빈칸이 둥둥 떠다니는 밤
나도 일생을 적어가는 가계부가 아닐까
몸 밑으로 상계된 아이가 빠져나오고
조금씩 쓸려다니다 쪼그라져간다

꽃이 시들어가면서 열매를 키우듯

모두가 잠들어도 저절로 불어나는 숫자들
밤은 밑 빠진 독이다

지난해 베어버린 복숭아나무 밑동이 쓸쓸함으로 거뭇하다

달빛은 적금 깨듯 쏟아져 창문에 불면을 붙이고
가만히,
쪼그려 앉아

내 밑을 들여다본다

삼인칭의 거울

소소한 일상을 말하는 방법을 배우려고

술 한잔했네요
해야 할 일과 텍스트는 널렸는데

사막을 걷는 방법을 쓴 적이 있어요
낙타처럼 걷고 걷다 보면 잠깐 내린 비에
백 년 만에 핀 꽃의 목덜미를 볼 거라고

당신과 내가 사는 세계는 표면에서만 만납니다
구름판 뛰는 당신을 얼비추는

푹 꺼진 자세로 웃습니다
웃음의 크기는 멀어진 거리
얼마만큼 웃어야 닿을 수 있을지 모르겠군요

착지할 때 구부려진 무릎을 믿고 싶지만 해는 지고요
푸른 창문으로 쓸쓸한 노래가 들려요
보고서 페이지가 넘어가네요

아침의 표정을 십 년쯤 우려먹을 기억의 벽
질주하던 감정의 그늘은 푸르러서
활짝 편 당신의 얼굴을 따라 해요

같은 표정이지만
절실함입니다
기대를 버린 표면은 여전히 웃어요

말을 다 배우지 못해서 흥건한 물방울
표현할 수 없는 나를 손바닥으로 쓸어내리네요
얼굴이 붉어졌어요
당신은 절박에 닿지 못했습니다

막걸리

유행 지난 가요다 한 마디마다 걸친
듣기 싫어도 따라 부르고 추임새가 붙는
늦은 밤 싱크대 앞에서 제기를 닦다가
그때와 살았더라면 이라는
덜 닦은 식탁 모서리의 이야기를 듣는

주거니 받거니 한 시절
신트림 넘어오는 꽃 시절
병을 흔들어 꾹꾹 눌러 속을 가라앉히고
다리 부은 날
노래를 한 순배 삼키면 당신은 사발이고

아침이 오면 골 깨지는 신 포도다
현재는 늘 모자라고 어제는 애 닳아서
가보지 않은 길에 나를 앉혀 놓고 마셔주기를
어떤 날 기대한다고
거르지 못한 말을 번복하며 매번 살아서

달고 쓰고 했던 날은 당신의 당신이 있었다
삼박자 넘어가는 두루뭉술 눙치는 사발과
〈지난〉에 산다

이 또한 지나가리라

별일 다 있다 싶었지
지하철도 무섭고 사람은 더 무섭고
일주일에 두어 번은 갔던 술집도 겁을 낼 줄은
마스크에 목숨 건다는 건 생각도 못했지
그러다 보니 굶어 죽겠다는 소리도 들리고
지하철 입구에 자리 펴고 잘 밤새는 노숙자도 늘어서
잠시 가게 문을 닫아야 하나
밥을 안 먹고는 살 수 없나
무기질 사람으로 살면 좋겠다
걱정으로 입술 터지는 밤이 되더라
지난해 꺾꽂이해 놓은 개나리 담장 아래
서 있는데 빗방울이 떨어지데
하늘은 새파란데
살펴보니 새 움 돋는 가지가 흘리는 땀인 거라
춥든 얼든 용케
매일 물 길어 나르며 키운
이주민 철거 천막 알전구 같은
사랑보다 질긴 죽일 놈의 생을 놓치지 않고

밝음에게
- 煥을 위하여

당겨쓴 빚이라도 아침은 온다
지하방 현관 주름 계단에 앉아서도
잃지 마라 온기를
우리가 빌려 쓴 것들이 하나 겠느냐

어미의 배를 빌어서 고샅 및 부자 지연을 이은
육백오십 광년 넘어온 별빛도 한순간 당겨쓸 수 있는
예리한 척후 아니냐

허술한 새벽에 오는 쓸쓸함
변곡점을 지나며 얻은
태양 아래 그늘막 안과 다르지 않으니

태양계에서 제외된 행성
명왕성의 복귀를 기대하며
네가 빛나는 것을 지켜볼 테니까
서로에게 맞춘 눈빛으로
그믐에 태어난 내가 한순간 흩날리는 꽃잎
타오를 수 있으니

네 노래로도 한 때 박차 오르는 장산곶 매 될 수 있으니
검고 깊은 곳으로 가서
닫아걸지 마라
옅은 불빛에도 우리 기울일 잔 남았으니

마시고 마주 보는 눈빛에도
거기 너 있으니

메니에르 병

손목을 돌리다 나는 소리에 놀랄 때가 있지
몸속에 귀가 있다는 사실에

내 몸속에 당신을 묻었는데
소리가 점점 얕아져서
바닷속을 걸어가려 해

물고기들의 부레로 내는 소리를
알아듣는 귀를 가져오고 싶어

어떤 소리와 모든 소리 사이에서 고민해
어른이니까

선택이 주는 파생은 보름달이 뜬
산호숲에서 이루어지는 거라고
열두 밤을 기다린 게들이 일제히 소리쳐
등딱지 속에 귀를 숨겨도 좋겠다
돌아오지 않는 사람들을
한없이 기다린 귀를 재우고
몸을 버리고 다시 몸을 입으면
구천구백구십칠 개의 마디가 흔들리는
마디가 부딪히는 소리에 놀란
보름달이 시퍼렇게 질리는 소리를
등속에 감추어둔 귀가 알아차리는 것처럼

깜빡이 없이 다가오는 내일의 데시벨
물속에 잠겨서도 눈알을 빼서 주머니에 넣고
깜짝 놀란 척
오늘만 그래

딱 하루만 못생기고 싶어
딱 하루만 아프고 싶어
몸 안의 귀가 자라고 있어

콜라를 좋아하세요

콜라라고 쓰고 미련이라고 읽죠
톡 쏘는 아픔, 와득 깨문 기억
관계의 종결어미는 그래요
씹거나 삼키거나
빈 잔을 남기면 리필되는
서툰 첫 키스의 기억같이 이가 부딪힌
콜라 콜라 콜라
하룻밤 같이 마실까요
뼈가 녹도록
단단한 밤, 라텍스 같은 매트리스는 늘어나죠
어두울수록 두꺼운 혀
따끔한 콜라를 미워하세요
나란한 미련을 늘어놓은 테이블 위로
씹지 않은 아픔이 있어요
같이 마실까요, 어제의 사랑

모든 순간은 삽입 가능하다

늦게 눈은 내렸다 대책 없는 마음,
하루를 보내고 한 십 년쯤 기억하자 했던
안개 깔리는 뒷모습을 볼 수 있어서
저녁 계절이 아름다웠듯이
내린 눈 뒤편에 잠긴
불안이 아름다웠다

그림자가 뒷모습을 흔드는 것도
소리로 풍경이 보이는 것도
당신의 결절을 흔들 수 있는 것도
어제의 위력
눈은 사라질 것이지만
베란다에 널어놓은 이불이 딱딱하게 굳어 있는 것도
지나가는 여기

이불은 곧 장롱 속으로 들어가고
여기는 남아
없음에도 사랑이고 안녕이고
안개는 가득 깔리고
풀들은 싱싱하고
창은 여전히 밖을 내다본다

소백산 여행기

버스에서 내릴 때
우연이 손을 내밀었다
연습하던 자세로 허리를 껴안았다

이래도 될까 이대로도 좋은가
순간을 먹어치워도 될까
뒷모습에 기대서

애인들은 떠나기 위해 있다
왼손 오른손 깍지 끼기 비틀린 것들만 남는다는 걸
까진 뒤축으로 돌아온 운동화와 함께 눅눅했다

나무는 꽃을 먹지 않고
물은 강을 먹지 않는데
한 평의 하늘을 가질 사람만
더운 숨을 먹어 치웠다
한 뼘 가슴속에 가득한 흔적은 모반에 기껍고
뒤로 내민 손은
강을 감쳐 들어
단 한 번 흘러가는 물 앞에서

진저리를 푼 강은
산을 토해 놓는다
한 뼘 가슴에 걸린 구름 같은 사람

네 속에도 겹친 손이 있어서
산이 어깨를 부딪히는 자리에
감춘 발원지가 있었네

유리 바닥을 걸으면
백 명도 천명도 넘는 애인이 있어 몸을 겹쳐 눕는다

넌 나를 지나쳐갈 순간
난 널 미워하지 않는 사람
우리는 발목을 잠그고 자꾸 북으로 걸어간다

단풍

별일 아녀유

도시서 다 말아먹고
어항 바닥에 가라앉은
쉰 목숨인디요 머
그럴리는 없잖유

손끝 매운 무진장 댁이
지보고 밥 묵었냐고
고봉밥을 퍼 주는 게
몸 축간다고 술은 안 팔고
밥만 파는 것이
먼 속셈이 있는 건 아니잖어유

암퇘지 뱃살 넣고 짜작하게 끓인
김치찌개가 뭐 별 맘이 들었것슈
밥 한 술 떠 넣고
단배추 겉절이 척 밀어 주는 양이
내 신세 맹쿠로 보이는디요

따지고 보믄 그 댁도 과부로 산지
오래 되었지유 딸네 도시 보내고
속이 허했지 싶어유

배 나간다니께
돈 많이 벌어와 그러는데
이 나이 먹어서두
그게 뭐라고 귀떼기가 벌게지는 게

아무께도 지도 속이 허했던게비유

내면으로 보낸 편지

괜찮습니까 내면은
시간 되시면 건너오세요

손을 씻으며 감염경로를 생각해 봤습니다
숫눈 밟을 길은 남아서
외줄로 따라온 발자국이
봄꽃처럼 피었다고
당신 있는 곳 꽃 피듯
여기 드문드문 눈 내린다고, 하릴없이

사람이 되려고
가두어 둔 말들이 어지러운
마스크를 물린 입속의 목젖이 부풀어 참을 수 없이

재채기로 튀어나갈까 불안했던 소란의 잠복기
사담에 취약한 내면은 기침을 쿨럭거리며
당신의 외면을 기록합니다

사용한 마스크의 내부
뒤집어보면
숫눈 환한 저곳으로 자가 격리한 후
터지는 기침

내면은 괜찮습니다, 아주

꽃 진다고 해도
혼자니까요
누구나 오래

세탁소 장 씨는 무얼 외치나

세탁소 장 씨는 입구에서부터
하는 일이 무엇인지 고백을 한다
매끈하게 다려진 엘리베이터를 오르고
플리츠스커트 주름 계단을 내려가면서

듣는 사람이 보이지 않아도 큰 소리로
멈추지 않았던
내가 누구인가, 지금 무얼 하고 있나
광야에서 외치던 사람같이

당신의 주름을 펴 주는 이가 여기에 있다
그러니 당신도 이 목소리를 듣거든
와서, 더럽고 구겨진 추한 것을 내놓으시라

나로 말할 것 같으면
천 년 전 화로에 숯을 올리고
다림질하던 뜨거움을 전승받은 자
불가촉천민의 이름으로 와서
거울 앞에 선 당신의 자존심을 회복시켜주는
허물을 사랑하는 이

생사고락 험로의 얼룩으로 오기만 한다면
밤새 깨끗하게 씻기고 매만져
그대의 자랑이 되게 할지라

뜨겁게 매달렸던 스팀의 힘을 믿으며 정결하게

서로가 서로에게 위안이었던 시간으로 해서
시작과 끝이 반듯하게 선 칼주름
주례 앞으로 번듯하게 걸을 수도 있으리라 한결같은
고백의 직분을 들은 사람은
앞으로 나와 허물을 들려준다

그가 오점을 사랑했듯이
내가 나의 죄를 일관되게 사랑하기를

1972년 산 백 원짜리

오르지 못할 나무란 없는 거지, 보름달
가느다란 끝까지 꾹 딛고서
닿은 달의 바닥
고인 감정을 버티고 선다는 건
줄 듯 말 듯 흘린 빛을 노려보다
끝내 나를 외면할 수는 없었던 밤의 이면지
쓸쓸함이 심어 놓은 활자가 자라나

둥근 잎 펴지는 걸 지켜본다는 거지
바닥에 처박히는 동안 나무처럼 자라난
뱉지 못할 말을 달빛은 꾹꾹 오르고 있었다는 거고
바닥을 딛는 내가 순식간에 달이 키운 나무를
짓이기지 않기 위해 오늘은 그만, 슬플 거란 거고
어둠 속에 앉아서 기어코 줄기 하나를 다 올라서버린 탓에
지구를 따라 도는 달의 슬픔이 다 감긴 탓에
기침을 하다가 말갛게 내일 아침에는
새 나무로 건너갈 수 있을 거야
어떻게든 쓸쓸해질 테니까, 사람은

달집을 태우고 나면
나무가 되는 거니까
동전 테두리의 홈을 문지르며
기억의 앞, 뒷면을 튕기다
굴러가버린 어제는 운이 좋았다고

오르지 못할 나무란 없는 거지 슬픔을
알게 되면, 보고픔을 참고 비빈 눈꺼풀
거짓말 같은 보름달 아래
그늘진 계수나무쯤은 간단히
한입에 삼킬 수도 있는

꽃을 건네다

날개가 없다는 말을 믿지 않아요
버리지 못하고 지나온 계절 사이 찢어진 잎들이 있죠

태풍이 쓴 일기에
여름을 기억하는 이유로
귀여리 젖은 길을 걷습니다
마지막까지 계절을 불러 앉힌
개구리 등이 불룩거려요

한 사람이 한 사람을 업고 다음 생을 쏟아냅니다
한 때를 기억하려고 눈 감아 세어도
백초도 못 되는

새들이 돌아오고 있는데
묶인 건 오히려 새의 깃이네요
꽃은 다음 계절을 향해 빠르게 솟구칩니다

몰락이 피운 다음
결국 꽃의 말 낙과의 계절입니다

III

밥의 설법

공복도 한 끼가 될 때 있다
늦은 밤 밥 한 덩이 욱여넣을 때
탈곡기를 통과한 까슬한 머리통

입었던 옷을 모두 다 벗고도 더 벗어야 한다며
백팔 번 접혔다 편 무릎을 구부린다
구부리는 것이 쓰라림의 일인 줄로 알았는데
허연 머리카락이 만든 말간 무릎 낱알이 된다

아무렇게 흘린 말도 맑은 기도가 되도록
붙어 있는 눈물을 헹궈낸 후에도 뜨거운, 냄비 속에 들어앉아
면벽수행처럼 속에 담았던 말씀
볍씨는 엎드렸다가
밥숟가락에 오를 때까지 엎드렸다가
목구멍으로 넘어가서도 끝까지 엎드렸다가
항문을 빠져나와서야 오르르 선다

궁해지면 생각나는 기도, 염불처럼
공손 해지며 앞으로 마중하는 머리
설법처럼 탁!

복숭아 한 알

허기가 지는 밤입니다
식탁에는 달콤한 아픔이 후숙 되고 있습니다
알약 삼키는 불 꺼진 속
버스 노선이나 지하철 출구 같은 미래는 왜 이리
찾아내기가 벅찬지요
살을 파먹으며 벌레가 지나간 기척을 봅니다
단단한 씨방을 지나 캄캄절벽을 휘감아 걸어간 길
꿉꿉한 일생 창문 너머 먼 동
눈 감는 순간까지 골몰했던 길
아린 위장에 와서 길을 내고야 만 길
이완과 수축 생의 내밀을 파먹으며 오래전
노트를 뒤적입니다
절벽을 넓혀 길을 내는 사람들 틈에서
단 내를 풍깁니다
저녁이 버거운 사람들은 둥글게 몸을 말고
머리를 들이밉니다
복숭아 한 알 속을 걷다가 갇히기도 하겠지만
그렇다고 복숭아가 아니면 모두 복숭아나무입니다

봄, 뒤에 눕다

절박하여, 어떤 것은
가질 수 있는 것이 애틋해서
놓아 버리기가 가까울수록
마지막의 마지막까지
그 말에 내 감정을 입혀 들여다볼수록
시가 들끓네. 얇은 모텔 벽
등을 대보고 싶은 날이 있었네
지금과 더 지금의 내가 하고 싶었던 말이
옆방에서 들리는지
궁금하던 낮이었네

꽃은 무르익지 못하고
속으로 풍경을 생각하다가 저물었네
내 몸 안에서 살다 간 그림자는
몇 개일까
간 밤 내린 비로 철쭉 진다는 소식에
맨발로 그 앞에 쪼그려 앉았네
바닥에 떨어진 얼굴을 만져 주었네
기억나지 않는 사람
냄새로 기억할 것이라 했지만
그것도 빈 말이었던 사람
섞여 피는 꽃의 말을
어떻게 구분해 내라고

빗속에 오래 앉아 있었네
꽃들의 계절 속에는 밤의 흔적이 있네
꽃술이 날리던 밤 떨어진 씨를 아침나절에 줍다
다음 생에는 돌이거나 지렁이거나의 요행을 생각하네
꽃들은 모두 승하하였음으로
기침 속에서 사진을 보네
몇 개의 네모 칸 속에서
열이레 풋 밤
설은 배 내민 어린 신부의 얼굴이
내 눈 속에서 죽네

안부를 물을 때마다 다음에 묻었다

닮은 당신을, 잊는 동안 나는 웃었다
이러다 죽지 싶은 순간에도
고향집으로 가는 주름을 접었다

밥상을 앞에 쥐어주던 나란한 수저 한 벌
좋아하는 반찬을 밀어주고
당신 앞에는 밥 한 공기 덩그러니 있었던
엊저녁 메뉴가 기억나지 않아도
다른 반찬을 집으며
오늘을 살았고
어제의 표정이 걱정으로 바뀔 때마다
갈 수 없는 이유가 될
고지서를 꺼내 두고
바이러스처럼
감염되면 안 되니까
수화기 저쪽에 다음을 내놓고
얼굴을 꺾었다
눈가를 꾹꾹 누르자 밥 냄새가 낮게 깔린
저녁이었다

이름을 부르는 골목이 튀어올랐다
할 말을 숨길 수 없는 요철
멀리 있는 밤이 잠긴 무덤이 물에 떠 있었다

안부를 물을 때마다 다음에 묻었다

낙엽 의자

한쪽 다리가 기운 의자는
등 댈 곳이 필요했기 때문에 잠깐 눈을 감았다

다리를 흔들었다 잠깐의 틈 사이 무게를 잊었다 살면서 버렸
던 신념들처럼, 역서의 숨은 갈피 낙엽들이 앉아서 흔들리고
있었다 탈골된 웃음 아래 내쳐진 잎들이 의자의 발목을 괜다
내일과 오늘의 접합부에서 근친한 쪽으로 고개를 돌린다
무게를 견디는 것이 의자의 숙명인 것일까 고래처럼 멀리 가
는 꿈을 꾸는 것인지 아나사키스와 자주 혼동하는 가지 끝
매달린 하늘 한 쪽을 물고
흔들거리다 휘청
반듯하게 걸어보려고 애를 쓰는
모두 바깥에서 배회하던 적층이었던 것

할 말과 뱉을 말과 그리고 주워 담기에는 넘치는 물렁함
부스러지는 소리는 과정, 갈피 사이를 발견하는 화석에도
발견되는을 하지 않는 으로 써 두고
지층처럼 계절을 버텼다

공깃밥은 한 숟가락이 꼭 부족한가

딱 당신만큼 모자란 날
어쩔 수 없이 넣은 통양파로 육수를 우렸을 때
있을 때는 몰라도
없을 때 느끼는 영혼의 무게
없음으로 해서 마른 껍질이 빚는
흑갈색 땅의 마음
눈물을 보탠다고 다시가 되는 건 아니어서 묵묵히
바다를 떠난 멸치와 다시마를 넣고
이 생이 저 생으로
건너가서도 마른 몸이 저어 가는 물질을 보는데
빈 몸이 흘리는 영혼의 무게를 들고
당신을 생각하다 마르는 옷은
왜 추운가
성자도 우신 밤에는

애인의 허명을 지우면 말간 비늘 떠오르는 눈꺼풀 속에
마른 것들이 떠올라 풀어지는 밤은 뿌옇게
아침 백반 국물은 끓어
한 술 뜨는 사람의 뱃속에 가서
검게 우려 질 애인에게
이별하는 사람들은 단 하룻밤이 모자랐다

마지막의 힘

숟가락 들 힘만 있으면 그건 한다

좆심이란 게, 그게
마지막까지 탈탈 쥐어짜낸다고 하더라도
고샅 밑에 숨겨둔 씨앗 한 줌
흉년에 굶어 죽은 이의 주먹에 쥔 올벼

가뭄에 더 촘촘히 달리고 서리에 바짝 여물길래
해거름 들판 같은 아내에게 매달려
이마를 쓰다듬으며
새로 생긴 어제를 이야기하는 것
자식들은 까맣게 모를
폭우에 본 물꼬같이 툭 터진
아침이 서리보다 푸른 것
마지막이란 건
꽃보다 따뜻한 씨앗이 제 맘대로 부푸는 것
새벽녘 팬티 위를 조물거리며
맨땅에 삽 꽂으면
밤이 치댄 새벽이 후들거리는 다리로
붉은 얼굴을 내민 아침

씨앗이 된 어제를 따뜻한 주머니에 담아서
좆같은 힘으로 살았다고
숟가락 들 힘을 위하여

꽃 피듯 씨 뿌리듯
참 붉게 살았다
나지막한 언덕을 바짝 비벼대며

극락전을 지나다

누우면 한 평이었다
사랑하던 사람을 기억할 것도 한 장이었다
무릎 닳도록 산 날이 항아리 하나에 담겨 나오는 것도
기다리는 것도 죄 한 시간 남짓
한에 얽힌 건 한 목숨 얇은 실낱이라서
당신을 잘라내는 것도 한 칼이고
꽃 피는 것도 한때여서
한에 매여 사는 것이 공복을 다스리는
말의 동음이의어가 아니라
당신을 미워하며
한때에 기대어 산 까닭으로
한 줌 기억이 되는 것이라
사진첩을 뒤적이며 당신의 얼굴을 꺼내었다가
한 평 속 손바닥 속을 헤집는다고 썼다가
내가 걸을 남은 길 또한 한 길 용을 쓰면 넘어갈
벼랑에서 숨 모자라는 꽃이라 써 두었다
넘어갈 때엔
당신이 뱉은 숨으로 연명하며 피는 것
한 평 안에 찬 내 호흡이니까
극락전에 들지 못한 낡은 몸을 끼우며
과 호흡이라 치더라도
울음이 차면 당연한 일
한낱 한 줌도 피고 질 일
물소리 그득한 하늘 한 줌

밤이 자라는 소리를 당겨 심으며
오늘을 미워하는
나는 핀다

그루밍 발생기

한 발을 베고서 잤다
위로해 줄 도구는 까슬한 혀뿐이어서 배가 고프면
하루 종일 울었다 부은 눈으로 보이는 세상은 실선,
꼬나보아야 그나마 볼 만했다

손길은 쉽게 떠나기 마련이다, 미련은 버리기로 했다
가시 걸린 목구멍으로 먹구름이 피었다
수시로 감탄사를, 쌍욕을 피웠다
버스 정류장은 포옹이 쉬웠고 빈 밥그릇만큼 이별이
흔했다 되바라진 아이는 집 밖이 편해 내일 따위는
오지 않아 쉼터 밖 담장나무 아래서 몸을 웅크린다
당신의 사랑을 한 번도 그리워 한 적 없다, 적어도 오늘은

잠 들어서도 꼬리를 한 번씩 흔들었다
박스에도 서열이 있어서 방문을 늘어놓을수록 속이 비워진
다는 말에 발톱을 갈았다
아침 창은 해를 들었다
머리에 머무는 온기는 잠을 더 깊이 당겼다

당신의 무릎, 허벅지에서 밤거리의 냄새가 옅게 풍겼다
당신은 밤새도록 내 생각을 했을 것이라고
당신도 신음했다고 까슬한 손으로 자주 얼굴을 핥았다

안녕, 바다

어쩌면, 벌써

 파도가 시작되는 곳으로 가고 싶었어 습관적인 출렁임이 쌓여 굳은살을 가지게 되면 뜨거운 물도 만질 수 있는, 연약한 것들의 연약하지 않은 속성, 멀리 간다는 것은 그런 움직임을 만드는 일이야 밤이 더께처럼 떨어진 새벽의 뒤란에 바다를 심고 싶어 잃어버린 알약을 먹고 물을 삼키면 출렁거리다 파도치는 해안이 되는 거, 한 번도 가보지 못한 바다를 품에 안아보는 꿈의 한 컷을 보내고 싶었지, 해안에 닿기 위해 밀려났다 되돌아오는 파도, 흘린 눈물은 염전의 일부였어 고열과 오한이 반복돼야 시작점을 알게 될 것 같아 피가 끓어올라, 온몸의 혈관이 펄펄 비등점에 도달했어

 가보지 못한 것이 나쁠 것도 없지
 약병엔 여전히 바다가 꿈틀거리고
 알약은 넘치도록 많으니까
 바다가 있기에 바다로 가는 꿈을 꾸니까

 어쩌면 이미 바다가 되었을
 벌써가 출렁이니까

갯벌 사진관

비탈을 만난 사람이 해안으로 갔다
물이 올랐다 빠지는 펄 밭에 박혀있는 농짝

태양이 쥐고 있던 해거름을 놓고 발목을 괼 때쯤
하루는 정면을 보여주었다
펄을 건너온 얼굴을 쓸어내린다

피부에서 모래가 묻어 나온다
이불을 패각에 펼쳐놓은 이불이 더운 숨을 불어
넣는 신혼의 밤마다
아교를 바르며 끊어지는 발걸음을 옮긴 웅덩이 아래
피데기의 나날이 둥그렇게 피었다

부풀어 터진 얼굴이 뭍을 바라본다
해안을 탁탁 접어 펄에 올리는 밀물
여울목을 맴돌고 있는 잔돌들의 시간
거푸집 동바리로 우둘투둘한 관록이
잘 나갔던 한때를 불러내 노상에서 섞이는 동안
지나간 날은 지나간 날이라며
얼굴에 들어찬 굴 홍합 피데기 버리지 못한 힘주었던 날이
비탈에 섰다

밤이라 불러준 지점에서 서랍은 생옻을 태웠다
부들부들, 우묵한 눈동자가 이명처럼

귀를 파며 서둘러 들어온 날
평지를 이룬 노을이
얼굴을 쓸며 저린 다리를 털어냈다
한쪽이 짧은 그에게는 평지가 비탈이었다

뒤란을 치우며

개똥이 무섭다고
똥도 어제가 있었을 거다
아찔한 향을 풍기던 칡꽃 썩는 자리
똥냄새가 나더라

유효기간이 다 된 건 썩을 때 그렇더라
냄새나는 오늘이 어제는 아찔했고 먹먹했고
어제는, 오늘 이렇게 될 줄은 몰랐지
발랄했고 신선했던 시절
그때를 기억해 주면 안 되겠니

오늘도 어제가 될 테니
자리를 옮기고 바짝 말리면
칡꽃의 냄새가 떠오를지도 몰라
꽃의 아랫도리에는 썩은 것들이 가득해서
내일은 향기로울지 몰라
오늘의 똥을 감정이라고 하자
개똥도 아쉬운 어제라고 하자

무서울 게 뭐람
내일은 필 건데 아찔할 건데

만의사 나무토막

풍경소리에 설법 듣지 못한 목어 한 마리
따뜻한 모래 속 몸 수그려 절합니다
물결은 몇 겹 능라 부처님 옷깃
밖으로 뻗쳐가던 팔 꿈지럭거리던 발가락도 가지런히
모아줍니다

와락 퍼붓고 싶은 말 이끼 품은 아가미
온몸을 떨며 약사여래불을 떠 올립니다
동그란 강돌, 다 닳은 부처님
물결에 미소가 반짝 흐르고
나무토막 이끼 걸치고 수행 중입니다

발뒤꿈치 돋아있던 가지
당신에게 닿고 싶었던 마음
불쑥 일어납니다

물결이 마른 등으로 퍼져갑니다
약사여래 그대에게 내리기를
모든 아픔 그치기를
조아리다 허리 펼 적엔

조사
– 사기의 기술

늙은 낚시꾼은 좌대에 앉기 전
대야에 자신의 실패를 먼저 불려 놓는다
손가락 사이로 건져지는 질감을 느낀다

좌절도 만져주어야 쓸만해진다는 것을 알게 된 것은
엉덩이 붙일 땅바닥이 출렁거리는 물길이란 것을
경험한 이후의 일이다
낚아채려는 것은 그의 성공사례
막힌 저수지 안에서 자라난 응어리
튀어나오는 것일수록 가볍다

발설하는 것은 뜬 희망이다
목전에서 거절당하기 십상이란 것을 알기에
찌고무에 침을 발라 마춰한다
사소한 것을 어르는 것이 낚시의 출발
찌가 가라앉는 순간을 느슨히 본다

생각은 가라앉아 흐려진 물속으로 헤엄치고
다시 떠오르기 바라는 기대를 좌대에 앉힌다
사는 일은 흐렸다 개었다 하는 일이지만
바늘을 건드리는 것은 잡기도 놓기도 하는 일
인어의 비늘은 발광체
찌 옆에서 머리카락을 풀었다 당기고
밤새 숙주를 파먹은 반딧불이

떠오른다
빈 투망이 실하다고 치열했다고
침이 튄다

사람은 물고기가 될 뿐이다

칼질로 패인 도마 틈 나팔꽃이 피었다
꽃꽂이의 소재로 화병에 담기기에는 그림자가 짙어서
고등어의 물그림자를 토막 치기 좋았다
한숨은 버릇이 되었지만 그때마다
남겨진 별자리 하나 때문에
검버섯 가득한 얼굴 천문도가 완성되었다
화재畫材의 완성은 마른 가지로부터
바다의 생성은 류마티스성 관절염을
조심히 꽂아 놓는다
쓸쓸한 사람들은 문득, 자서전을 쏟아 놓았고
귀에 꽂힌 머리카락 문득 희어, 나팔소리인지
달빛인지 구분되지 않았다
사람의 틈바구니에서 사람이 아닐 때가 있었다
기운 없이 시든 꽃에서는 갯벌 냄새가 났었는데
종이 바른 창문에는 그리운 시절
별의 일주가 그려져 있었다
슬픔 많은 사람들 속엔 닻을 내린
행성이 산다
아침에 반짝 눈을 뜨고 꽃이 되게 하는

파인애플

 예보를 흘려듣는 습관이 있어요
 우산은 도로와 수단을 떠올리는 이유로 맨몸이에요

 흔들고 가는 건 젖은 바람뿐은 아니지요 피어나는 꽃, 잎, 거리의 불빛, 극장 포스터 맑게 개인 하늘, 며칠째 같은 나무를 바라보고 있어요 나무가 나를 위해 잎을 틔우는 건 아니지만 흔들리는 건 풍경에 있는 걸요 내리는 건 비의 일이지만 꽃은 지고요 잎은 피고요 그러니까 빗방울 같은 단어 하나에도 길은 검게 빛나요 표정을 수습할 도구 따윈 가지지 않은 탓에 쉽게 젖고 말아요 참 쉬운 사람이었죠 나는 얼마만큼 닮은 사람인가가 아니라 꼭 그 사람이어야 했는데 거리를 가늠하는 건 새겨듣기보다 어려워서 말이지요

 입 속 살을 씹어요
 피가 나도 나만 아는 아픔
 그것도 풍경이 될 거예요
 뒤로 밀려나니까
 봄은 겨울의 변경에서 피고
 여름은 봄의 끝물
 비에 젖어도 맑음에 도달할

 거리는 양 방향으로 달리지요
 비는 구름을 향해 스며들고
 우리는 반대편에서 예보를 하고 있습니다

의자라니까

오르기 위해선 다리의 자세가 필요하다
고무줄놀이는 천정으로 발길질하는 법이지만

깍두기는 줄을 넘을 기회를 엿보았다
장난감 기차는
권리증서 연애 여행자 여권 심사 출입국 기록소
줄에 매인 나와 고무줄놀이를 한다

양 방향으로, 나가는 등이 높이 솟구치는 모양을 보며
어둑한 마당 귀퉁이에서 장난감 기차를 연습했다
사탕은 어딘가 한쪽에 있을 거야
선로를 돌면 역에 닿을 거야
발길질을 배우며 무릎이 까졌다

깨금발로 풀리지 않는 앞날을 물었다
말년이 좋아
인덕이 있겠어
흘러나오는 후렴구를 불렀다

도장 찍어도 헐거운 자리
남겨진 사람의 몫은
물집 부푸는 뒤꿈치에 있다

IV

타로 술사

아이를 낳았지
초성으로 보는 전생이란
사진을 봤지
여자를 후리고 다닌 난봉이라는데
이번 생이 전생의 업보를 닦는 것인지
붙박이로 한 사내의 아이를 그것도
다섯을 낳았지
선녀는 아이를 둘 낳고
하늘로 가 버리기도 했다는데
다섯 손가락 더도 없는
지난 생에서 내가 버린 씨
이번 생은 몸이 무거워

아침을 거르면 점심을 많이 먹을 수밖에 없지만
주머니란 형편이 있으니까
이번 생을 닦으면
내생도 헤아려서
지렁이나 돌멩이가 될 수 있을까
돌멩이들은 얼마나
많은 말씀을 남기고 이 생을 앉아
견디고 있을까

가벼운 것들은
다 무거운 것인지도 몰라

당신이 내게 건네는 말 같이

장밋빛 인생

비가 오면 어깻죽지가 무겁다는 그녀가
먼 생의 날개를 들춰낸다. 구멍 뚫린
날개를 꺾으면 쐐기형 작살이 발생하는 이유로
감싼 침대바닥이 말랑거린다
살은 과녁을 향해 발사되는 저녁이므로
허공을 가르고 돌아오는 새장의
빗장뼈를 여는 손길이 반듯하다
이유 없이 쏟아지는 먹먹의 뭉치를
둘둘 말아 쏟아버리기로 한다
생 바닥은 아직 입을 벌린 아이의 목구멍
무지개를 잘라 모자를 떠 주었지만
천공에서 태어난 물건은 거추장스럽게 여긴다
잠수함을 탈 거니까, 첫사랑처럼
알록달록한 육교를 떠다니는
젖꽃판 빗맞은 과녁판 젖은 어깨를
우연히 만나 안녕, 안녕...... 버스 유리창은 액상형
슈가 파우더를 뿌려댄다
달콤을 더 빛나게 불행은 더 확실하게
검정 비닐봉지에 생선 대가리와 앞치마를 담은
긴 생머리 활짝 펴진다

노안

가족이 가죽으로 바뀌어 읽히는 때가 왔다
어떤 저녁 모임이나 후의가 몸에 붙은 말로 바뀌는 때
가족을 유지하기 위해 늙은 짐승의 가죽 가방이 되었다는 게

나이 든 사람으로 간략히 지퍼를 닫는 행위가 된다는 것이
요긴한 치레의 관계성보다 더 빨리
납득시킬 말이 몸에 살았다니

모호하게 보이는 것과 더딘 저녁이 벗어놓고 간
초저녁잠에 잠깐 취했더니
새벽 오기가 한참이라서

적망的望을 쓴다고 해도
적막寂寞으로 읽을 것이라
원 없이 사랑했었다고 그런 때 있었다고
써 놓았다, 적막한 아침같이 뭉개지는 신문활자
일생 너를 속이고 나를 속여서

어떤 표면을 위하여

취집은 하셨습니까
미정이라던데
팬티를 뒤집어 보자는 것이고

속옷이면 위든 아래든
감싸는 기능은 있다는 것일 텐데
말은 몸을 훑고
허벅지가 맞물린 사이를 흘금거리다 지나지

책상이 되었다가 밥상이 되었다가
자주 얼굴을 바꾸는 접이 탁상의 서글픔을
어떻게 알려주나

침침한 민속주점 안 수선화는
여름에 필까, 겨울에 필까

내부를 위하여
흔들려도 돼, 사람이니까
미워해도 돼, 다시 돌아올 중심이니까

당신은 아픈 손가락으로 밥상을 차린 사람
어떤 바람이 우묵한 눈으로 아침을 보여주고 싶었던 사람

미련은 하셨습니까

닥치고 술이나 먹어요, 우리

수선화는 일 년 내 필 수 있구요
빤스 밑구녕을 쓰더라도 걸음은 멀쩡해야 하니까요

이별의 예절

밤을 맞이하려고 하는 사람은 낮을
납득할 시간을 제공해야 합니다
선고를 듣는 얼굴이 서서히 붉어지다가
냉정한 시선보다 먼저
환할 표정을 추릴 면회실을 줘야 합니다

끝도 시작처럼 심장이 움직이려는 흔적은 없는지
흘리고 간 노을이 성자의 옆구리처럼 피 흘릴 때
고단한 밤을 위하여 항변권도 배제해야 하지요

우리가 이 세대를 이별하려 할 때는
어디에서 잃어버리셨어요
최종적으로 사용한 마음은 어디라고 생각하세요
그부터라도 버려진 사람을
헤아려보는 것이 필요합니다
깔끔한 밤을 이루기 위해서는
내가 걸어 다닌 길모퉁이와
당신의 손을 쥐었다 놓은 순간부터 감각이 어디만큼
쌓였는지를 되새겨야 합니다

아내 몰래 잡은 손의 생김새부터
당신이 내 중심을 파고들 때까지 낱낱이
가방 밑바닥과 도로의 가장자리까지
서명하지 않은 청구서가 날아오지 못하도록

유효기간을 기록하며 설명할 수 있어야 합니다
추정 시간부터 지금까지 온전한 내 감정을 사용한
기록은 없었는지 단 한 번도 신의성실을
위배한 적은 없었는지
골목과 신과의 청문회는
후회 명세서입니다
흘릴 밤의 검음과 뜨거움을 위해
우리는 노을을 빌려 몸을 버리는 연습을 해야 합니다

고도리 날다

사사 오구 통 유월 똥패입니다
이미 절반 산 멍텅구리입니다
무엇을 먼저 버려야 할지 가늠해 봅니다
낙장불입이라고 후회 없는 생이 있습니까
돈을 버리고 늦봄, 목단을 버리려다
설레는 마음을 꼭꼭 묶어 둡니다
가장 희박한 희망, 손바닥의 패를 버리며
뒷장 수정이라도 붙들어 꿈을 꾸어야 하는
타짜의 길입니다

바람 든 청단 홍단 묶을 일은 없지만
이미 건너가 버린 기회란 것이 다시 올 것 같아서
잘해야 본전 흑싸리 껍데기 같은 하루를
따박따박 주워 놓습니다
내 앞에 깔린 패를 보며 놓아야 뒷장이 붙든가
홀가분하게 다음을 도모할 수 있는데도
번번이 그때를 놓칩니다

그와 내가 같은 패를 들고 앉은 까닭입니다
같은 바닥에 앉아 껍데기 개수를 세어봅니다
그의 한탄이 내 기쁨이 될 때, 얼어걸린 쌍 피
한 바퀴 돌고 나면 고스란히 바쳐지는 불운이란 걸
내가 겪은 아픔을 겪게 한다는 사실이 퍽 새뜻합니다
바닥 패를 가늠하는 동안

광 박 피 박 건너가고 독박의 쓸쓸을 피하려
있는 힘껏 메꽂아도 뒷장 안 붙는 판
내가 노린 수를 싹쓸이해 가는 노련한 손은
공장목 너머 나무목의 타짜

탈탈 털어도 나오지 않는 명퇴 이후 골목길에서
허리 구부러진 가로등이 비틀댑니다
자꾸 뺏기기만 하는 고스톱 판
운 칠 기 삼 하다가 막판 열 뻗칩니다

에라
이따위 판!
깜짝 놀란 고도리
풀썩 뜹니다

파꽃

사연 없는 사람은 없어서 털어놓으면
눈물 한 보따리 쏟아낼 매운맛 한 단쯤 거뜬히
다듬어 낼 수 있어
사는 게 다 뻔하거든

누구 하나 꽃다발 바쳐 줄 리도 없고
나비넥타이 둘러볼 일 없지만
또 그렇다고 남 보기엔 그러니까 빨간 단 끈 야물딱지게
묶어서 체면은 차리는 거지

왕대를 다듬으며 뻣뻣하고 질긴 삶을 그냥 〈 파 〉라고 해
넘겨지지 않아서 씹다 뱉는 그런 날조차
손, 하고 부르면 나무껍데기 같은 주름진 손등이 먼저
따라와, 여름 추억은 배앓이 쓰다듬는 아침이 완성하듯

흑백사진으로 인화된 날들이 한순간 꽃으로 보이다가
낱낱 바스러지는 환한 햇살이었단 걸

외딴집 아이의 빤질한 소매는
졸업사진의 눈가를 훔치다 나무의 팔을 닮게 된 후
작아진 읍내 시장을 걷다가
한 편의 소설처럼 좋은 날이 지났다고

매일이 민들레처럼 활짝

매운 날들이 죄다

와인

단맛은 신맛에 가깝고 신맛은
쓴맛에 친근하다, 오래된 유대는
잔에 담겨 구속되는 동안 휘발된다, 거짓말들이

다시는 잡히지 않을 거라고 구름들이 뭉쳐서 떠드는 동안
무거운 복사뼈는 비틀린다 이래도 나를
버릴 수 있니 신발의 무게가 발을 품은 채
몽유 중이다 떠나간다면
아침이 좋겠다, 흔적을 지우고

머리카락을 털어 물고기 한 마리를 키운다
떠돌아다니는 내 두개골을 휘적이며
콩나물국을 먹다가 어제 먹은 치즈에선
귀두에 접힌 곰팡이 냄새가 났어 숙취의 변명을 발견했다
혼자인 것들이 중독될 만한

붉은 살 속에서는 겹지 않는 사람들의 말이 검게 익는다
끊었던 담배가 사흘에 한번 방문한다
핥거나 빠는 것은 사인과 모종의 관계
실종 신고서를 작성하다
어제 떠났다는 것을 알게 됐다

해리 속에는 지느러미가 있다

죽음으로 건져지는 물고기들은 수시로
어항의 후면에 중독한다
외롭지 않니 즐겁게

압화

물결을 잘라 갈피에 꽂았다
낮을 향한 손짓은 수없이 부딪혔던 밤의 모래톱
쓸며 쓸리며 한 겹씩
태양을 훔쳐 와 달을 쌓는다고
두꺼운 자궁 내벽에서 달그락댔다
싱싱한 시절은 기억에서 선명한 색을 남겼다
몰랐던 때로 갈 수 있다면
얼룩진 베갯잇은 없을 테지만
머리를 누르는 무게에
종이로 변한 물관의 부스러기들
서로에게 기댈 때면 잎이었던 전생을 기억하는 것이 아닐까
페이지를 덮었다

어둠 속에서 눌린 빛들은 사라지지 않고
밤을 잊은 채 필름처럼 먼 향취를 현상했다
날 선 말들이 유순해져서 말갛게 웃었다
미워했지만 영원할 수 없는 내일에
뭉개진 오늘을 건조해
오래가는 관계라 했다
시간이 흐른 뒤에 벽은 갈피라 불렸다

동화同化

소가 되었으면 좋겠어

안창 살치 등심 안심 설깃 치마 홍두깨 우둔 사태 양지 도가니 차돌박이 삼각살 새우살 전각 목심 꽃갈비 본갈비 제비추리 토시 손바닥만 한 붉은 살점에도 이름을 붙이는 사람에게 나를 낱낱이 발라 나의 하루에도 이름을 붙여주었으면 좋겠어

무용한 하루가 소 눈을 한 채
세세히 서로의 이름을 핥을 거거든
입 속에 남는 이름을 얻게 되면
황혼을 오래 씹으며 밤을 지나겠지

장미 열매

우리 다음 생에는 서로를 미워하기로 해
장미 넝쿨 가시에 갇힌 상처 난 꽃잎처럼

네가 나를 가두고
내가 너를 구속해 이제 지긋지긋해
제발 놓아달라고 이러다 서로 죽여버리겠다고
아니 각자 죽어버릴지도 모르겠다고
어떻게 된 걸까 원망하는 밤이 왔으면 해

이번 생에는 가진 것 없는 내가 네게 해 줄 수 있는 게
허접한 마음뿐이라 먼저 멀어진 내가
꽃 아닌 열매로 머무르니까
너 또한 풍경에 머물러 반걸음 뒤에 따라오니까

어떻게 사랑이 그래

시작하기도 전에 먼저 아파서 껴안기도 전에 몸을 돌리니
사랑한다면 한 번쯤 눈 돌아가게 미치는 순간이 있는 거잖아
그런데 우린 그 순간에도 서로의 얼굴에 그늘이 될까
잠깐 몸을 벌리고 스스로 자른 가시에
밤을 새우고 있잖아
어떻게

어떻게 사랑이 그래

우리 다음 생애는

서로를 미워하기로 해
계절을 원망하기로 해

서로에게 미쳐서 깊이 상처가 나도 떨어지고 싶지 않아서
피가 나는 하얀 목덜미를 감싸 쥐고

너보다 깊이 물들게 할 거라고
네가 나보다 아프게 될 거라고

그래, 그러기로 해

이번 생에도 그러했으니
다음 생에도

결

미역국을 먹은 날에는 호수로 가자
생의 처음을 나눠 준 사람이 먹은 물빛을 혼자 들이키다가
산다는 게 매번 떨어져 나온 우묵한 사발이었다고
둘레길을 훑으며 읽은 연애 시 한 편 그때가
눈밭을 걸으며 떠올릴 집이었다고 말해주자
꽃 핀다고 봄일까
꽃 없이도 내게는 내내 봄날이었다
미역국을 먹고 검은 물을 바라보는 이때가
가슴 한쪽에는 우묵한 무너미 넘실대는
등대같이 말간 집 한 채 살아
문을 열고 들어서면
貴子야
거꾸로 자라는 버드나무를 오를 수 있을 것 같지
숨 끊어질까 겁나는 순간에
기막히게 끓는 통증이 산통이지
산통을 겪다가 깨지기도 하지
마지막을 겪어야 마시게 되는
미역국을 처음에 두면 빈 대접과 둥근 소반 같은 호수가
따라 나오지 사람이 사람을 잃어 신이 되고
잃어버려야 무엇이 되는 무너미 안집
사발의 도련을 문지르며
바깥으로 휜 엄지를 기억해
모서리나 우아한 어떤 말, 세련이라든가
멋들어진 표현 같은 건

간절한 마음 앞에선 곡진한 이란 옛말에 더 가닿아
버드나무집 귀자가 밤 내내 울다가 그치는 훗울음
오후를 가만 듣다 오자
산다는 게 죽은 것과 순서를 바꾼 물그림자를 건져
묵빛 골목에 걸쳐두고
물 말은 밥 한 술에도 만경 펼쳐진다고
아침마다 시끄럽게 쪼아대는 세상을 한번 속이고 오자

화두에 들다

삼례 임실 구례 나주 지나
화순에는 꽃 판 맹키로 도독한 산이 있는데
꽃판이란 게 몸판마냥 실한 것이어서
해도 하루 진종일 눈 돌릴 수 없는 가슴한
꽃 피는 날이면 밭을 메다가
소리하는 여자도 개울가 빨래하는 여자도
이미 없어진 이름으로도 귀신같이 찾아와서는
웃통을 열어 보임서
가으네 니꺼 보다 내가 실헌께
앞다투어 피는데
숫눈처럼 깨끗한 앙가슴이 환해서
온통 뽀얀 풍경이
용수골 어디서 녹아들더란 말시
그날 밤 목단은 젖꽃판 맹키로 부풀고
비는 자꾸 아랫도리에 손을 대는디, 자슥
양쪽에 손 올리고 미사일 발포 하드끼
아따, 어서 까부냐. 악아
쇠무릎 적시지도 못할 거뜰아

목단이나 숫눈이나
꽃순에 묻혀서
윤 사월 초파일 늙은 부처도 한데 녹는데

풍경

물이 설설 끓고 있었다
쥔 것을 놓아버리는 속은 넘칠 듯 출렁거렸고
어머니는 자신의 속 같은 암반에 밀가루 반죽을 뭉쳐서
한 마디씩 떼놓았다
불안하던 솥 안이 가라앉았다
말 한마디로 끓었다 가라앉는 건 혼자일 때
곧 넘칠 일이겠지만 위로란
한마디 말이 퍼져 뜨끈해진 눈시울에 있듯
몇번의 손짓으로 한 상 차려낸 풍경일지 몰라
계절이 끓었다 사그라지는 일을 수차례 겪으면
나도 누군가에게 지난 경험들을 떼어
뜨끈해진 한 사발이 될 수 있을까
사흘 운 년이 열흘은 못 울까
그 말에 부끄러워 그친 울음이
차지고 매끈한 내일을 만들 수 있기를
수 없이 치대고 밟아야 하는 것을
계절이 먼저 알아서
마당의 맨드라미가 검게 씨를 익히고 있었다

우리가 가장 사랑하는 때는

살면서 언제가 제일 좋으셨어요

어제, 어제라

이렇게 아파서 숨도 못 쉬는데도요

그래도 내사 보고 싶은 사람들도 만나고
오늘은 언제 숨 떨어질지 모르니까

그 밤에 주무시다 먼길 가셨는데
입관한다고 안동포 버선 신고 모자까지 씌워 몸을 묶는데
어제에 메인 삶이 수인처럼
친친 감겨 작은 함으로 들어가려는데

마지막으로 발 한 번 손 한 번 잡아 주시고요
빙 둘러서서 두 손으로 어루만져 보는데

어머니, 어제 기저귀 갈아 드릴 때 너무 힘들어서
엉덩이 때린 거 정말 죄송해요
고해를 토하는 목소리에
한쪽 손 올린 경계가 사라집디다,
저녁노을 들기 전 붉어진 덩어리가
달인 지 해 인지도 모르게 첩첩 얽힌 산 위에 앉아서
여우비 내리는 모롱이 배 밀며 떠날 때

멀미가 납디다

단축번호 1

삭아도 뼈대가 있어야 한다
솥 안을 휘젓던 어머니가 이르셨다
심지를 가지고 삭아드는 것은
얼마만큼의 온도를 가지고 돌아서야 하는 일일까

밥을 이루는 시간이
사그라든 나이에 이르러 창랑의 흐린 물 앞에서
가지런히 내놓은 하얀 발목
멱라를 건너는 해거름 기슭은
엿기름을 섞고 뜨겁지도 차지도 않은
사랑이 지나고 꿈자리마저 진땀 날 때
접대용 술잔을 돌리고 머리를 조아릴 때
비굴에 녹았나 싶은 취기는 맨발
〈꼿꼿〉을 유지하려 단축번호 1을 누른다

자나, 아들은
내 술 안 뭇다
금방 갈게
종료된 화면에 더듬어 속삭인다

황골발목으로 만든 어둑한 저녁 하얀 꽃 우리 집
뼈를 빌어 사는 집
아! 단내가 난다

작품
해설

존재의 근원으로서의 일상성
- 신진향의 시세계

송명희(문학평론가, 부경대 명예교수)

I 작품해설

존재의 근원으로서의 일상성
– 신진향의 시세계

송명희(문학평론가, 부경대 명예교수)

1.

20C 후반 거대담론이 무너진 자리에 새롭게 떠오른 것이 일상성이었다. 일상성은 포스트모더니즘의 시대사조와 맥락을 같이하며 민족, 정치, 전쟁과 같은 거대담론을 대체하는 새로움을 우리에게 선사했다. 하이데거는 『존재와 시간』에서 인간의 일상성을 다양한 층위에서 설명하였다. 그는 인간이 처한 실존의 구조를 현존재와 세계-내-존재로서의 존재자의 틀로 분석하였다. 하이데거가 일상성에 대해 철학적으로 주목한 이래, 일상성은 인류학·사회학·역사학·문예학을 비롯하여 여러 학문에서 다양하게 조명되었고, 특히 예술작품들에 반영된 일상성에 대한 분석은 포스트모던 비평가들의 주

요 관심사가 되었다.

　사회학적으로 '일상성(quotodiennete)'이 개념화된 것은 프랑스 사회학자 르페브르(Henri Lefèbvre, 1901-1991)에 의해서이다. 그는 『현대세계의 일상성』에서 자본주의 사회 속에서 살아가는 현대인들의 일상성을 냉철하게 분석했다. 생산과 실천의 관점에서 일상성을 바라본 르페브르는 마르크스로부터 일상성의 개념을 영향받았다. 그에 의하면 일상성은 지배계급과 부르주아의 이데올로기가 투영된 소외된 공간이다. 즉 삶과 노동으로부터 소외되고 개인의 자유와 창신력을 상실한 공간이다. 그 소외된 공간을 낯설게 만듦으로써 새로운 일상적 삶의 가능성을 모색한다는 것이 그의 일상성 이론의 핵심이다. 따라서 그의 일상성 비판은 자본주의적 부르주아지 이데올로기가 투영된 일상성의 공간을 근본적으로 변화시키려는 비판적 기획 아래 이루어졌다.

　르페브르가 일상성에 대한 자본주의적 침식을 비판하고, 일상성을 다시 근원에서부터 회복시키기를 지향했다면, 마페졸리(Michel Maffesoli, 1944-)는 오히려 일상성을 존재의 시원이자 근원으로 긍정한다. 이러한 입장은 그의 현재주의적 관점에 잘 나타나 있다. 그는 동시대를 진보가 약속하는 미래를 믿기보다 현재 자체, 즉 순간을 긍정하는 시대로 규정한다. 그는 손에 닿는 것, 일상적인 것, 가정적인 것, 가까이 있는 것, 즉 우리의 가장 구체적인 실존 속에서 이를 바탕으로 현재의 속박들을 이겨낼 창조적 힘을 길러낸다고 했다.

2.

　신진향의 시를 읽었을 때 가장 먼저 떠오른 단어는 일상성이었다. 그것도 일상성에 대해서 비판적이었던 르페브르와는 달리 일상성을 긍정한 마페졸리의 입장에서 바라본 사유들이 떠올랐다. 그의 시의 내용을 읽기 전에 제목들만 살펴보더라도 시적이기보다는 비시적이고 일상적이다. 몇 개만 예로 들어보면 젓갈 레시피, 로즈마리 키우기, 그깟, 못, 미역국을 삼킨다는 건, 쿠키타임, 막걸리, 콜라를 좋아하세요, 밥의 설법, 공깃밥은 한 숟가락이 꼭 부족한가, 타로술사 등등…….

　일상성은 보통사람이 살아가는 나날의 삶, 보통의 것, 일상적인 것이며, 반복성·연속성·항상성이라는 의미가 내포되어 있다. 또한 일상성은 반복, 재생산, 루틴(routine), 전통과 같은 의미도 담고 있다. 일상성은 일회성, 생산성, 혁신과 같은 비일상성과는 대비되는 의미를 가지지만 매일매일 반복되는 일상생활이 없으면 사회는 유지되지 못한다. 개인의 일생이 바로 나날의 일상적 삶의 연속이듯이 사회 역시 그 구성원들의 일상생활과 사회 각 구성 요소의 일상적 과정이 되풀이됨으로써 존속되어 간다.

　　그럴수록 내장을 싹싹 발라야 해

　　구두 뒤축 물러앉도록 헤엄쳐 다닌 지느러미까지
　　간이고 쓸개며 허파까지 뒤집어 소금 치고
　　패랭이 채송화 맨드라미 붉은 성기들이

박장대소하는 여름을 건너가는 사이
낯 간지러움에 웃지 못하게
싹싹 비벼 놓는 거야

집을 나설 때 아가리 속에
차곡차곡 어제의 내장들을 쌓아둬
상처 따윈 상관없는 것처럼
두꺼워지는 얼굴을 입혀
아직 오지 않은 내일처럼
그대를 만나지 못한 어제처럼 싱싱해지기

뼈가 무른 족속이라 해도 상관없이
속이 없는 사람이라 해도 끄떡없이
나는 길을 헤엄쳐, 꿈을 꿔 날아올라
상기된 볼 붉어지는 독
입을 열면 삭지 않은 말이 나올까 두려워
세 겹 광목으로 칭칭 동여매
당신들의 조언이 나를 잊게 할까 겁내지 않을 거야
뚜껑이 열려도 숨 쉬는 호흡기를 지닌
오랜 시간이 있으니
뼈를 넣고 대가리를 디밀어

난 우묵한 장독으로 들어가 앉아
소금 한 바가지를 지르고
밑이 가려워 시간을 비벼대
닳고 닳고 부풀다 사라진 날 것의 이름
기억이 온전치 않았다 변명치 않고
기어이 다 녹여낼 테야

냄새나는 몸뚱아리라도 어쩔, 찬바람에 드는
밑동 눈을 감고 생각해
샛 노랗고 하얀 그곳에 닿을
샛, 파란에 닿을

우습게 보지 마
진짠 말이지 곰삭은 액체의 뼈 맛
그 안에 들어서면 같이 어우러져
흔적도 없는 컴컴한 수도사의
기도 같은 거야

네가 잘 있기를 바라는
이름 따윈 뭔 상관
　　　　 －〈젓갈 레시피〉 전문

　음식은 역사적으로나 사회적으로 일상생활의 중심이 되어 왔다. 인간 존재의 기본적 삶인 의식주의 하나가 바로 '식(食)'이다. 즉 음식 또는 음식 먹기는 모든 생명체의 생명을 유지하기 위한 필수불가결의 요소이며, 일상적인 삶의 토대이다. 우리는 생명 유지를 위해서도, 노동을 위해서도, 사람들과 사회적 관계를 맺기 위해서도, 나아가 자신의 차별화된 지위와 능력을 과시하기 위해서도 음식을 먹고 식당에 간다.

　특히 현대에 와서 음식은 단순히 생명 유지의 차원을 넘어서서 그 음식을 먹는 사람의 기호와 문화적 취향, 그리고 그 사람의 사회경제적 능력과 지위를 나타내 주는 상징적인 기호가 되고 있다. 장 보드리야르가 그의 저서 『소비사회』에서 주장한 바를 빌려 표현하자면 현대는 생명 유지와 허기 충족, 영양소 공급의 필요성이라는 사용가치 때문에 음식을 먹는 것이 아니라 다른 (계층) 사람들과 차별화된 지위를 구별 짓는 기호와 이미지 때문에 음식을 먹고 소비하는 시대다.

음식을 먹는다는 것은 일상성과 반복성을 가지며 전통적으로 우리나라에서는 계절에 따라 김장을 담그고, 간장 고추장 된장을 담그고, 지방에 따라서는 젓갈을 담그는 일들을 개개의 가정에서 수행해 왔다. 어디 그뿐인가? 명절과 절기에 따라 만들어 먹는 음식도 달랐다. 그리고 의례에 따라 상차림이 달라지고, 제철음식이라는 것도 존재한다.

젓갈, 또는 젓갈 담그기와 같은 것이 시적 소재가 될 수 있다는 발상 자체가 낯설고 신선하다. 일상에 대한 긍정적 관심이 없었다면 채택될 수 없는 소재인 것이다. 〈젓갈 레시피〉는 직접 젓갈도 담가보고, 그것이 곰삭아가는 과정을 지켜본 사람이 아니라면 쓸 수 없는 시이다. 젓(젓갈)은 새우・조기・멸치 따위의 생선이나, 조개・생선의 알・창자 따위를 소금에 짜게 절이어 삭힌, 일종의 발효식품이다. 젓갈 담그는 일은 소규모의 가내공장에서 제품으로 생산되는 경우가 많지만 과거에나 지금도 그 일은 각 가정에서 여인네들이 담당해왔다. 즉 젓갈을 담그는 일은 특정한 철이 되면 여인들이 수행하는 친숙한 노동의 하나였던 것이다. 시인은 젓갈 담그는 방법, 즉 레시피를 단순히 나열하여 적어놓은 것이 아니다. 젓갈 담그는 과정에서부터 그것이 곰삭아가는 과정을 지켜보며 시인은 그것이 가진 의미에 꼼꼼히 관심을 가진다. 그것이 마치 우리네 인생의 모습을 닮았다는 듯이…….

젓갈(만들기)이라는 기표를 통해서 시인은 "우습게 보지 마/ 진짠 말이지 곰삭은 액체의 뼈 맛/ 그 안에 들어서면 같이 어우러져/ 흔적도 없는 컴컴한 수도사의/ 기도 같은 거야"라는 기의를 산출해 낸다. 곰삭은 젓갈의 녹아 있는 액체의 깊은 맛, 그 안에 들어서면 같이 어우러져 흔적도 없어지는, 너와 나의 경계조차 사라지는 혼융일체의 그 맛을 시인은 '컴컴한 수도사의 기도'에 비유하고 있다. 즉 젓갈의 곰삭아 가는 과정, 또는 곰삭은 젓갈의 맛이란 마치 인생의 희로애락을 다 삭히어내며 오직 기도에 정진하는 수도사와도 닮았다고 파악한 것이다. 어찌 수도사의 기도뿐이랴. 나이를 먹어간다는 것, 인생을 알아간다는 것, 세월을 살아낸다는 것이 젓갈이 발효되는 과정과도 같은 것이 아닐까. 탁월한 인생에 대한 통찰력을 보여주는 시라고 하지 않을 수 없다.

3.

일기예보가 계절의 전부는 아니야,
사건이 진실 일리는 없잖아, 꽃잎 한 장을 붙이고 살 뿐

비탈에 젊은 여자가 산다고 말이 돌았다
북으로 난 창에 비친 오후의 얼굴이 홍조가 든 것이
필시 누가 다녀갔을 거라고 했다
그날부터 마을의 몇은 몸을 사렸고
누수가 기침처럼 터지는 보일러를 끄고

네 탓이 아니야, 그건 어쩔 수 없이 일어난
세월의 무게 같은 거라는 위로를 검정 테이프로 묶었다
그녀가 택한 고요한 사랑의 기술은 종종
후배위를 좋아한다든가
올라탔다든가 그림자도 불러 세우는 기술이 있다든가
휘날리는 버드나무
봄바람처럼 날아다녔는데
그래서 다들 그쯤은 붉어져도 괜찮을 거라고
산 아래 동네도 온통 집마다 붉었는데
나뭇가지처럼 마른 손목은 오후의 햇살도 버거워서
창에 비치지 않는 날이 잦았다
말들의 끝에서 그녀는 사라졌고
비탈을 올려보는 어떤 계절이 와서
정숙한 듯 조용한 길을 걸을 때면
낙엽처럼 혼자 붉던 치맛자락을 떠올리는데
그녀가 남긴 홑잎의 아이 소식도 소문처럼 먼데
보일러 배관에서 낙숫물 소리가 들려
나비처럼 맨 테이프를 보다가
그녀가 사랑한 방식
그것도 괜찮았다고 또 버스럭거렸다
―〈언술〉 전문

〈언술〉이란 시는 언덕 비탈에 혼자 살고 있는 젊은 '그녀'를 둘러싼 소문에 대해서, 그 소문이 어떻게 산 아래 동네 사람들에게 퍼졌으며, 그것이 진실 여부와도 상관없이 그녀를 어떻게 소외시키고 있는가를 진술하고 있다. 소문이란 진실성 여부에 상관없이 사람들 사이에 퍼져 있는 사실이나 정보를 말

한다. 따라서 〈언술〉이란 시의 이탤릭체로 쓴 프롤로그의 "일기예보가 계절의 전부는 아니야,/ 사건이 진실 일리는 없잖아, 꽃잎 한 장을 붙이고 살 뿐"에서 '일기예보'라는 단어나 "사건이 진실일 리는 없잖아"와 같은 논평적 진술에 주목하지 않을 수 없다. 일기예보는 그저 예보일 뿐이다. 그것은 맞을 수도 있고 그렇지 않을 수도 있다. 따라서 그것이 한 계절 날씨의 진실을 전부 말해주는 것은 아니다. 그리고 겉으로 보이는 사건 역시 그 사건의 진실을 모두 말해주는 것은 아니다.

마찬가지로 그녀를 둘러싼 소문들의 진실 여부는 그 누구도 알지 못한다. 그럼에도 마을에는 혼자 사는 젊은 그녀를 둘러싼 수많은 소문들이 스캔들이 되어 떠돌고 있다. "북으로 난 창에 비친 오후의 얼굴이 홍조가 든 것이/ 필시 누가 다녀갔을 거라고 했다"는 소문은 그녀의 집에 누가 다녀간 것을 본 것 때문이 아니라 북창에 비친 그녀의 얼굴에 홍조가 든 것을 보았기 때문이다. 그리고 설령 그녀의 집에 누가 다녀갔다 하더라도 그 사건과 그녀 얼굴의 홍조 사이에는 사실 아무런 연관성이 없다. 더욱이 그것이 스캔들이 되어 마을에 소문으로 떠 돌아야 할 개연성은 없다. 그럼에도 소문은 그녀가 "후배위를 좋아한다든가/ 올라탔다든가 그림자도 불러 세우는 기술이 있다든가"처럼 꼬리에 꼬리를 물고 퍼져나가 급기야 그녀의 성적 체위나 이성을 유인하는 능력이 탁월하다는 등 악의적으로 조작, 왜곡, 확대, 재생산되어 나간다.

한스 노이 바우어(Hans J. Neubauer)는 『소문의 역사』에서 소문(rumor)은 어원적으로 소식, 비명, 외침, 평판이라는 의미뿐만 아니라 카오스, 대참사, 범죄 등의 의미와도 관련을 맺고 있으며, 강간, 도둑질, 강도, 살인, 타살 등과도 유사한 부정적인 의미를 지닌다고 했다. 여성에 대한 소문이 유통되고 소비되는 방식은 성별화 된 위계질서를 지지하는 지식과 권력의 긴밀한 공조 속에서 이루어진다. 소문은 어떤 실체를 이미지화하여 통제하기 쉬운 대상으로 만드는 특성이 있다. 만약 마을의 누군가와 그녀가 관계를 맺은 것을 비난해야 한다면 그녀만이 아니라 누군가인 그 남자에게도 동시에 향해져야 함에도 불구하고 "네 탓이 아니야, 그건 어쩔 수 없이 일어난/ 세월의 무게 같은 거라는 위로를 검정 테이프로 묶었다" 처럼 봉인된 채 소문의 치명적 상처는 오로지 그녀를 향해 있고, 그녀만이 "말들의 끝에서 그녀는 사라졌고"처럼 소외된다. 시인은 〈언술〉에서 인간세계를 지배하는 소문의 정치학에 대해서, 즉 소문이 어떻게 생산되고 유통되며, 그녀라는 삼인칭의 여성에게 치명적 상처를 입히며 희생자로 만들어가는가를, 그리고 소문이 확대 재생산되는 방식을 "누수가 기침처럼 터지는 보일러를 끼고"와 같은 지극히 일상적인 비유를 통해서 진술하고 있다.

우리가 살아가는 사회에는 진실을 확인할 수 없는 수많은 소문들, 특히 여성을 둘러싼 섹스 스캔들은 진실성 여부와 상관없이 사람들의 관음증을 자극하며 꼬리에 꼬리를 물고 생산, 재생산되는 구조가 존재한다. 그 속에서 소외되고 피해자가 되는 것은 성차별적인 사회의 여성일 수밖에 없다. 시인은 피해자인 그녀의 입장이나 가해자인 마을 사람들의 입장이 아닌 삼인칭의 객관적 시점으로 이를 시화함으로써 오히려 피해자인 '그녀'의 입장을 강하게 드러내는 효과를 발생시킨다.

4.

> 명절 설거지 끝
> 물 한잔에
> 이십 년 산 정이 떨어지고
>
> 장롱 밑 둘둘 말아 건져낸
> 먼지 뭉치보다 가벼운 것들이
>
> 재활용 박스를 접다가 손이 베이고
> 떨어진 치마 단추 임시방편 옷핀에 찔려
> 피를 철철 흘리고
>
> 버려도 아쉬울 것 없는 미련 때문에
> 살았다 죽었다
> 밤을 새웠다 붙이고
>
> 흘려 넘긴 귓등으로
> 당신은 멀어지고
> 골목이 사라지고
> 다리가 무너지고
> 건물이 무너지고
> 　　　　－〈그깟〉 부분

'그깟'은 "겨우 그만한 정도의"란 뜻을 가진 '그까짓'이란 관형사의 준말이다. 이 말속에는 사람이 살아가는 삶이 뭐 대단한 것이 아니라 별거 아닌 것이라는 의미가 함의되어 있다. 이십 년을 산 부부가 정이 떨어지는 계기도 명절 설거지 끝의 물 한잔과 같은 사소한 것 때문이다. 물 한잔이나 장롱 밑의 먼지, 옷핀과도 같은 사소하고 하찮은 것들을 귓등으로 흘려 넘긴 탓으로 "당신은 멀어지고/ 골목이 사라지고/ 다리가 무너지고/ 건물이 무너지고"와 같은 거창한 사건들이 일어난다. 따라서 그 사소하고 하찮은 것들을 '그깟'이라고 귓등으로 흘려들으며 무시해서는 결코 안 되는 것이다. 어쩌면 그 하찮은 그까짓 것들이 있기 때문에 세대가 늘고, 세월이 붙고, 거리가 좁아진다. 따라서 일상성이란 무시해도 되는 하찮은 것이 아니라 거창한 역사적 사건과 연결되는 지극히 구체적인 것이며, 삶의 역동성을 보여주는 것이다. 따라서 르페브르는 『일상생활 비판』에서 "가장 기막힌 것은 가장 일상적인 것, 가장 이상한 것은 가장 사소한 것 (…) 가장 사소한 것이 가장 기막힌 것이 될 수 있으며 습관적인 것이 '신화적'인 것이 될 수 있는 것"이라고 주장하였던 것이다. 〈그깟〉이라는 시는 그깟과 같은 진부하고 사소한 일상적인 것들이 거창한 사건, 역사와 같은 거대담론으로 연결될 수 있는 관계성에 주목하며, 개인들은 구체적이고 사소한 일상에 무신경하지 않고 그것들에 충실한 삶을 살아야 할 당위에 대해 진술하고 있다.

5.

가족이 가죽으로 바뀌어 읽히는 때가 왔다
어떤 저녁 모임이나 후의가 몸에 붙은 말로 바뀌는 때
가족을 유지하기 위해 늙은 짐승의 가죽 가방이 되었다는 게

나이 든 사람으로 간략히 지퍼를 닫는 행위가 된다는 것이
요긴한 치레의 관계성보다 더 빨리
납득시킬 말이 몸에 살았다니

모호하게 보이는 것과 더딘 저녁이 벗어놓고 간
초저녁잠에 잠깐 취했더니
새벽 오기가 한참이라서

적망的望을 쓴다고 해도
적막寂寞으로 읽을 것이라
원 없이 사랑했었다고 그런 때 있었다고
써 놓았다, 적막한 아침같이 뭉개지는 신문활자
일생 너를 속이고 나를 속여
  —〈노안〉 전문

 인간은 태어나서 일정 기간 성장한 후 나이가 들면서 점차 신체적, 인지적으로 쇠퇴하여 죽음에 이르는 과정을 밟게 된다. 따라서 노화는 특별한 일이 아니라 정상적이고 일상적인 삶의 과정이다. 모든 사람은 나이가 들면서 불가피하게 흰머리가 생기고, 시각, 청각, 후각, 미각, 촉각 등의 감각이 둔화

되며, 등이 휘며 신장이 줄어들고, 자극에 대한 반응속도가 감소하는 등 신체 기능이 점차 떨어진다. 사람들마다 자신의 노화를 인지하게 되는 순간은 각기 다를 것이지만 어느 날 아침, 신문의 활자가 흐릿해지며 '가족'을 '가죽'으로 잘못 읽게 되는 노안도 그중의 하나일 것이다. 나이가 들어감에 따라 점진적으로 눈의 조절력이 떨어지고, 돋보기안경을 써야만 독서가 가능해지는데, 그걸 문득 깨닫게 되는 순간이 있다. 나이를 먹는다는 것은 이처럼 감각기관의 둔화와 직결되어 있다. 〈노안〉의 화자는 "가족이 가죽으로 바뀌어 읽히는 때가 왔다"라고 자신의 노화를 인지하게 된 충격적인 순간을 담담한 듯 진술한다. '가족'이 '가죽'으로 읽히는 그것처럼 자신의 노화를 확실하게 자신에게 납득시킬 신체언어가 있단 말인가.

하지만 '적망(的望—후보의 대상으로 적당함, 또는 그러한 사람)'이 '적막(寂寞)'으로 읽히는 것은 단순히 신체적 노화, 즉 노안 때문만은 아니다. 적막은 일차적으로 고요하고 쓸쓸하다는 의미에서 나아가 의지할 데 없는 외로움을 뜻하는 단어이다. '적망'이 '적막'으로 읽히는 것은 생물학적 노화의 의미를 넘어선다. 나이를 먹으면 생물학적인 노화만을 겪는 것이 아니라 직장에서 은퇴를 강요당하면서 사회적으로도 고립된다. 사회적 고립은 외로움의 느낌, 타인에 대한 두려움, 부정적인 자존감 등을 야기한다. "적막한 아침같이 뭉개지는 신문활자"가 지시하는 바는 아침이라는 시간에 절대 적막해질 수 없었던 젊었던 시절과 대비되는 사회적 고립을 의미한다. 즉 출근 준비를 위해 허둥지둥 분망 했던 젊은 시절과는 달리

작품해설 *133*

노년의 아침은 그저 적막하다. 왜냐하면 출근해야 할 직장도 없고, 급히 가야 할 곳이나 오라는 사람도 없기 때문이다. 즉 노년의 사회적 단절과 고립이 적막한 아침을 만드는 것이다. 노년의 화자는 아침에 일어났지만 가야 할 곳이 없어 배달된 조간신문을 손에 들고 읽어보지만 활자가 뭉개져 제대로 보이지 않는, 그저 외롭고 쓸쓸하고 적막한 아침 시간에 처해 있다. 그것은 어떤 의미에서 사회적 죽음을 의미한다. 시인은 '적막'이라는 시어를 통해서 생물학적 노화를 넘어서는 노년의 사회적 죽음으로 그 의미를 확장시키고 있다.

이렇게 적막한 노년을 한동안 보내다가 인간은 "누우면 한 평이었다/ 사랑하던 사람을 기억할 것도 한 장이었다/ 무릎 닳도록 산 날이 항아리 하나에 담겨 나오는 것도/ 기다리는 것도 죄 한 시간 남짓"(〈극락전을 지나다〉 부분)과 같은 생물학적 죽음을 맞는다. 죽음은 이 시에서처럼 나의 죽음이 아니라 타인의 죽음으로 경험된다. 그것은 누구에게나 "누우면 한 평"의 평등한 공간을 차지하는 일이고, 단지 한 장의 영정사진으로 남는 일이고, 유골항아리 하나에 담겨지는 일이고, 화장장에서 단지 한 시간 남짓 기다리면 그야말로 모든 것이 끝나 무로 환원되는 누구에게나 평등한 현상이다. 죽음도 노화와 마찬가지로 일상의 일부분이고, 삶의 과정에서 진행되는 그 누구도 피할 수 없는 현상이다. 화자는 불교에서 서방 극락정토의 주재자인 아미타불을 모시는 극락전을 지나다가 인간의 죽음에 대해서 끝없는 사유가 이어지고 있다. 그것은 제1, 2행을 제외하고 제3행부터 마지막 행에 이르기까지 종결어미가 없이 계속 이어지는 진술 형태에서도 확인되고 있다. 한 평의 누울 공간과 한 장의 영정사진처럼 인간의 죽음은 간단명료한 현상일 수 있지만 주체인 자아의 죽음에 대한 사유는 결코 간단명료할 수 없다. 왜냐하면 죽음은 삶의 수많은 역정과 사람들과의 애증의 관계, 그리고 희로애락의 기억과도 연결된 삶의 연장선상에서 이루어지는 것이기 때문이다.

죽음은 한 사람의 일상생활에 영원히 종지부를 찍게 만드는 일이다. 개체로서의 인간은 사멸하여 사라지지만 자손의 유전자를 통해 생명은 영속되며, 살아 있는 누군가의 마음속에 기억되는 한 영원히 사라지는 것은 아닐지도 모른다. 불교적 의미에서는 서방정토에서 일체의 고통이 사라진 영원한 열반을 얻지 못하는 한 윤회의 수레바퀴를 벗어나지 못하고 다음 생에서 또 다른 삶이 계속되고, 깨달음을 얻지 못한 중생의 진부한 일상이 반복될 것이다.*

신진향 시집

눈 감으면 떠오르는 이름을 지우는 시간이 길 때 딴생각을 해

인쇄	2022년 8월 10일
초판1쇄발행	2022년 8월 16일

지은이	신진향
펴낸이	전형철
편 집	김태완
펴낸곳	월간모던포엠출판부 - 주)정윤컴퍼니
주 소	04549 서울시 중구 마른내로55 3층
전 화	02-2275-7216
팩 스	02-2274-7217
ISBN	979-11-91681-05-5 (03800)
정 가	10,000원

* 작가와의 협의하에 인지는 생략합니다
* 파손 및 잘못된 책은 교환해 드립니다
* 이 책의 저작권은 저자와 모던포엠사에 있습니다